BUSINESS PROCESS MANAGEMENT

위기의 시대, **프로세스 경영**을 통한 재도약

이관석 · 하영목

博 英 社

추 천 사

미국발 금융위기에서 시작된 세계 경제위기로 국내외 기업들은 어느 때보다 큰 어려움을 겪고 있습니다. 이미 세계 최대의 자동차 회사인 GM이나 금융 산업의 상징인 AIG 그룹과 같은 공룡기업들이 위기를 견디지 못한 채 무릎을 꿇었고, MS나 노키아, 도요타 등과 같은 글로벌 기업들도 감원과 사업철수 등 생존을 위한 구조조정에 돌입한 상황입니다.

이 같은 어려움은 우리 기업들 역시 마찬가지입니다. 1997년 IMF 외환위기 당시, '대마불패는 없다'는 교훈을 기억하고 있기에 제2의 IMF 위기를 겪지 않기 위해서 그 어느 때보다 초긴장의 경영 상태에 돌입해 있습니다.

그러나 우리는 1997년 IMF 외환위기를 거치면서 한 가지 교훈을 배운 바 있습니다. 바로, 위기 뒤에는 반드시 기회가 찾아온다는 점입니다. 당장은 경영에 어려움이 있더라도 중장기적인 관점의 투자를 지속해야만 합니다. 또한 이를 위해서는 무엇보다 기업 스스로 혁신 역량을 키우는 일이 중요합니다.

물론, 많은 기업들이 그동안 PI(Process Innovation)와 ERP 도입 등의 정보화를 통해 혁신 역량을 다져왔습니다. 하지만 최근의 금융위기 상황을 더욱 효과적으로 넘기기 위해서는 주마가편(走馬加鞭)의 자세로 혁신에 더욱 집중해야만 합니다.

이런 가운데, LG CNS는 지난 2002년부터 다수의 고객사를 위해 '프로세스 경영' 솔루션을 제공해왔습니다. LG CNS의 '프로세스 경영' 솔루션을 도입한 많은 기업들은 기존의 혁신 기법만으로 풀 수 없었던 과제를 해결하고 성과를 이뤄왔습니다.

프로세스 경영이란 과거에 기업들이 추진해왔던 프로세스 혁신의 단점을 보완하고, 프로세스를 중심으로 이뤄낸 혁신의 결실과 역량이 기업 구성원들에게 체화할 수 있도록 돕는 솔루션입니다. 따라서 프로세스 경영은 그동안 기업들이 고민해왔던 경영혁신의 역사와 미래를 동시에 제시하는 대안이 되고 있습니다.

이 책은 지난 8년여 간 LG CNS가 프로세스 경영 솔루션의 구축과 확산을 통해 쌓아온 노하우를 보다 많은 기업에 전파하고자 기획됐습니다. 그 어느 때보다도 기업의 생존과 혁신이 강조되고 있는 만큼 혁신을 고민하는 기업과 경영자에게 이 책은 좋은 대안이 될 수 있으리라 확신합니다.

'프로세스 경영'의 주요 개념부터 핵심 도입 방안까지, '프로세스 경영'을 처음 접하는 독자들도 이해하기 쉽도록 설명을 담았으며, 특히 LG CNS의 실제 구축사례를 통해서 구체적인 '프로세스 경영'의 모습을 그려 볼 수 있도록 했습니다.

프로세스 경영은 혁신의 새로운 대안입니다. 따라서 이 책이 프로세스 경영의 도입을 고려하거나 최근의 경영환경을 고민하는 많은 기업들을 위해 좋은 안내서가 될 수 있기를 기대해 봅니다.

LG CNS 사장

신 재 철

발행에 즈음하여

혁신의 도구로써 BPM(Business Process Management)이 주목받고 있다. 이미 외국의 선진기업들 사이에서는 BPM이야말로 향후 50년간 경쟁우위의 핵심요소가 될 것이라는 전망과 함께 BPM의 도입과 확산이 활발하다.

물론 BPM이 등장하기 전까지, 기업들은 BPR(Business Process Re-engineering)이나 ERP(Enterprise Resource Planning) 등의 도입을 통해 적극적인 혁신활동을 펼쳐왔다. 때문에 BPR과 ERP를 경험한 기업의 CEO 가운데에는 이미 우리 회사가 첨단의 수준에 올라서 있다고 자부하는 경우도 있을 것이다.

하지만 아쉽게도 CEO들의 자부와 현실은 큰 차이가 있는 듯 보인다. BPR이나 ERP가 우수한 경영혁신의 도구인 것은 사실이지만 기업의 미래까지 담보하지는 못하고 있다. ERP의 도입이 기업에 많은 기여를 했지만 BPM이 지속적으로 뒷받침되지 않는다면 성과를 기대하기는 어렵다는 의미다.

저자는 다양한 정책 관련 심사에 참여하고 있고 기업을 위한 자문과 교육활동을 하고 있다. 그러다보니 기업에 있는 많은 분들과 유대관계를 맺고 있다. 그들은 저자에게 종종 기업에서 혁신을 위해 무엇을 해야 할지에 관해 문의를 하곤 한다. 그럴 때면 저자가 되묻는 첫 질문이 있다. 바로 'BPM은 해 보았는가' 라는 것이다.

질문을 던져보면 의외로 많은 회사에서 BPM을 수행했다는 답을 해온다. 그래서 반갑고 놀라운 마음에 BPM을 해서 무엇이 바뀌었냐고 물어보면 의외로 답은 한정적이다. 일부 공정에 대한 모니터링이 가능해졌고 업무에 대한 표준과 일정이 컴퓨터를 통해 처리되고 있다는 식의 얘기뿐이다. 그럴 때면 한편에서 드는 실망감을 감출 수 없다.

왜냐하면 그것은 진정한 BPM이 아니기 때문이다. 어쩌면 워크플로우 시스템을 제대로 해놓은 수준도 아니라 할 수 있다. 마치 모니터링 시스템을 구축해놓고 BPM이라고 얘기하고 있다는 느낌을 받을 뿐이다.

그렇게 오류를 범하는 이유는 간단하다. BPM의 전체적 의미를 잘 모르기 때문이다. 또는 그러한 시스템을 만들어 놓고서 BPM이라고 알려주는 SI업체들의 문제가 더 크다고 할 수 있다. 그렇기 때문에 우리나라에서 BPM에 대한 이야기를 하면 마치 MES(CEO들께서는 공정운영 시스템과 같다고 생각하시면 된다)의 진화된 정도로 생각하게 된다. 안타까울 뿐이다.

저자는 수년 전에 BPM을 접하고 그 중요성에 대해 적잖은 충격을 받은 적이 있다. 그럼에도 기업들에서 본래의 취지와 너무나 동떨어진 이해를 하고 있는 것 같아 안타까운 마음을 금할 수 없다. 그래서 대학에 BPM 강의를 개설하고 내친 김에 BPM에 관한 책을 쓰게 되었다. BPM을 정확히 알리고 활용하고자 하는 기업을 위해 가이드가 되기 위함이다.

이 책의 1장부터 2장은 BPM에 관한 기술과 전문적인 지식보다는 BPM의 전체적인 개념을 이해하고 실전에서 응용이 가능한 구조적 방법론과 경영적 방법론을 담았다. 왜 회사에서 BPM을 빨리 받아들여야 하는지, 또는 현재와 같은 경제위기 상황에서 우리나라의 회사들이 외국기업과 경쟁할 수 있는 능력은 어떻게 키우는지 그 방법을 설명하고자 했다.

따라서 저자는 기업이나 조직의 CEO에게 특히 1장부터 3장을 추천하고자 한다. CEO 중에서도 조직의 경쟁력을 키우기에 골몰하거나 잘 안 돼서 고민하는 분이라면 더더욱 좋겠다. 왜냐하면 이 책은 조직의 경쟁력을 키우는 데 필요한 가장 중요한 방법을 설명해 주고 있기 때문이다. 이 부분은 컴퓨터 시스템에 관한 전문적인 지식이 부족해도 얼마든지 이해할 수 있도록 쉽게 서술했다. 마지막 4, 5장에서는 이 분야의 컨설턴트를 위해 기술적인 부분을 제시했다.

물론 국내 · 외에 BPM에 관한 좋은 책들이 이미 많이 나와 있다. 다만 어느 책은 너무 경영적인 관점만 다루었고 어떤 책들은 너무 SI 관점에서만 쓰여 있어 BPM 전체를 CEO들이 쉽게 이해하기에는 힘들다는 생각이 든다.

따라서 저자는 이미 나온 책들의 중요한 대목을 인용하고 그 내용을 종합하는 한편, BPM 시스템 전체를 이해하기 쉽도록 유도하는 데 중점을 두었다.

적어도 BPM이 현재 우리나라에서 이해되는 것보다는 매우 좋은 시스템이고 ERP, CRM, SCM이나 이제까지 소개된 여러 다른 단일 시스템보다 훨씬 중요하며 우리나라 기업들이 꼭 도입해야 된다는 것을 강조하고자 한다. 또한 BPM을 도입하고 난 후, 어떤 문제들로 인해 기대한 것보다 효과가 없는지를 알려 주고자 노력했다. 이 책의 출판을 계기로 우리나라 기업이나 정부나 자치단체에 BPM의 중요성이 잘 알려지는 계기가 되었으면 바란다.

끝으로 2008년 연말과 2009년 연시에 이 책을 위해 정신없이 지낸 저자를 불평 없이 참아준 가족 모두에게 감사드린다. 또한 이 책을 낼 수 있게 도움을 많이 준 LG CNS에도 감사를 드린다.

2009년 8월

이 관 석

서 문

최근 기업 경영의 최대 키워드는 생존이 되었다. 그만큼 위기가 극심해졌기 때문이다. 이 글을 쓰고 있는 지금도 미국발 금융위기에 따른 글로벌 경기침체로 전 세계가 어려움에 처해 있는 상황이다.

물론 생존의 문제를 단지 경기침체로 인한 과제로서만 바라볼 수는 없다. 기업은 인류역사에 있어서 늘 생존 경쟁을 통해 진화하거나 도태되어 왔기 때문이다. 포춘지(Fortune) 선정, 500대 기업 가운데 30%는 불과 10년 만에 해체하거나 합병되었다는 통계도 있듯이 우수한 역량을 가진 기업이더라도 장기간 생존하기는 쉽지 않다.

21세기에 접어들면서 기업들이 대표적인 경영혁신의 도구로써 선택하는 것은 바로 IT다. 기술의 비약적인 발전 덕분에 이제 IT는 단순히 기업 경영의 보조적 역할을 넘어서 경영혁신을 실천하는 도구가 되었다.

그러나 안타깝게도 아직도 IT에 대한 활용 수준은 단순한 업무처리와 정보관리 수준에 머물러 있는 것이 현실이다. IT의 진정한 목적인 경영전략의 실천이나 경영혁신을 지원하는 핵심 도구로서는 제대로 활용되지 못하고 있다. 그 이유는 여러 가지가 있겠지만 저자가 지난

20여 년간 IT 프로젝트 현장에서 경험한 바에 따르면 한 가지 중요한 이유가 있다. IT 시스템을 구축하는 데 있어서 프로세스 중심의 사고와 전략으로써 접근하는 것이 부족하기 때문이다.

즉, IT 시스템은 기업의 업무 프로세스를 정확히 구현하고 실행할 수 있어야 한다. 그래야만 경영혁신에 의해 개선된 프로세스가 업무 현장에 반영될 수 있다. 그러나 업무 프로세스를 가지고 있지 못한 IT 시스템은 경영자가 고민하는 혁신의 과제를 반영할 수 없다.

물론 ERP(Enterprise Resource Planning, 전사적 자원관리)의 등장은 앞서 언급한 문제점을 해결하는 데 큰 도움이 되었다. ERP는 프로세스적인 접근이 되어 있고, 이미 선진 업무 프로세스를 내재화하고 있기 때문에 프로세스 개선에 의한 경영혁신을 효과적으로 지원한다.

그러나 ERP도 완벽한 해결책이 되지는 못한다. 아쉽게도 ERP에 의한 지속적인 경영혁신과 전략적 활용도는 미비한 것으로 알려져 있기 때문이다. 이는 ERP 구축에 있어서 전략적인 접근이 부족하고, ERP에 의한 지속적 혁신을 유지하기가 어려운 부분이 있기 때문이다. 따라서 이런 한계점을 극복하기 위해 최근에는 Post ERP에 대한 기업들의 관심이 높다.

이에 저자는 ERP를 도입한 이후 기업들의 활용성과를 높여줄 수 있는, Post ERP의 방안으로 BPM(Business Process Management)을 제시하고자 한다. BPM은 기업의 전략을 효과적으로 실행하기 위한 구체적이고도 실용적인 수단이 된다. 뿐만 아니라 지속적인 프로세스 혁신을 추구하기 때문에 앞서 언급한 ERP의 한계를 정확히 보완해 준다.

최근 경제위기로 인해 많은 기업들이 IT 예산을 삭감하려는 움직임이 일고 있다. 그러나 무조건적인 삭감보다는 먼저 IT 전략이 비즈니스적인 가치를 만들어 내는지, 수익성을 달성하기 위해 혁신을 강화하는지 점검해 보는 것이 필요하다. 특히 경영혁신 강화를 위한 도구로서 IT의 역할이 필요하다면 지금은 오히려 경영혁신 강화를 위한 합리적 도구로서 BPM을 고려해 볼 때이다.

이 책은 혁신의 강력한 도구로서의 BPM이 기업경영에서 어떠한 핵심가치와 경쟁력을 주는지 설명하고자 한다. 이를 통해 기업들이 Post ERP로서 BPM을 다시 살펴보는 계기가 되기를 바란다.

LG CNS는 지난 몇 년 동안 LG전자를 시작으로 황무지와 같은 초기 BPM 시장을 개척하고 꾸준하게 전문역량을 갖추어 왔다. 오늘에 이르러 이러한 BPM의 선진 사례를 책으로 내게 된 것을 기쁘게 생각하고, 특히 이 책이 만들어지기까지 도움을 준 LG CNS의 이주열, 오윤정 컨설턴트에게 감사한다.

2009년 8월

하 영 목

목차 CONTENTS

제4장 성공적 프로세스 경영의 구현 방법론

제5장 프로세스 경영 구현 기술

제 1 장

프로세스 경영이란

기업들의 경영환경을 한마디로 요약하자면, "급속히 변화하는 글로벌 무한경쟁의 시대"다. 이는 기업 어느 곳도 예외가 될 수 없는 대원칙이다. 하지만 더욱 중요한 것은 이러한 치열한 경쟁의 시대는 비단 오늘날만의 이야기가 아니었다는 점이다. 그래서 200년 기업의 역사 속에서 수많은 기업들이 치열함 속에서 살아남기 위해 다양한 경영이론을 적용하면서 변화를 꾀해왔다.

아담 스미스(Adam Smith)의 분업론부터 전사적 품질경영(TQM), 벤치마킹, 6시그마, 지식경영, 경쟁우위론, 프로세스 재설계(BPR) 등 당대에 주목받았던 경영이론들이 나오고 또 사라지면서 기업의 운명과 같이했다. 경영환경의 변화에 따라 적합한 경영방법 또한 바뀌기 때문이다.

그렇다면 한 가지 의문이 든다. 경영이론과 방법론은 늘 시대에 따라 달라져야 하는 걸까? 시대의 흐름 속에서도 변하지 않는 핵심 가치는 없는 것일까?

저자는 이에 대해서 '프로세스' 라는 답을 내놓고자 한다. 유행이나 환경의 변화 속에서도 집중해야 하며 변하지 않는 핵심 가치는 '프로세스' 다. 과학적 분석기법이 적용되기 시작한 경영이론들의 공통분모에는 항상 '프로세스' 가 있다.

따라서 프로세스에 더욱 집중하고, 프로세스 중심으로 기업을 경영하는 '프로세스 경영' 은 시대를 초월하는 원칙이다.

01 비즈니스 프로세스에 대한 이해

기업의 경쟁우위와 프로세스

우리는 흔히 비즈니스를 전쟁에 비유하곤 한다. 치열한 적자생존의 정글법칙이 지배하는 비즈니스 세계를 전쟁터에 빗댄 표현이다. 비즈니스에는 항상 경쟁자가 존재하며 경쟁자보다 우위에 서야만 살아남을 수 있기 때문에 비즈니스의 속성을 정확하게 짚은 표현이라 할 수 있다.

그렇다면, 기업의 경쟁우위는 어디서 결정되는 걸까? 이 대목에서 제품의 가격이나 품질이 무조건 기업의 경쟁력으로 이어진다고 본다면, 그건 오산이다. 예컨대 이윤이 남지 않는 고품질이나 저가의 제품이라면 기업에 경쟁우위를 준다고 할 수 없다. 따라서 기업의 경쟁우위를 좀더 근본적인 관점에서 살펴볼 필요가 있다.

기업의 업무, 이른바 비즈니스는 이윤을 창출하기 위한 활동을 전제로 한다. 경쟁론의 대가 마이클 포터(Michael Eugene Porter)는 이윤창출 활동을 분석하기 위해 가치사슬(Value Chain)이라는 개념을 제시했는데, 가치사슬이란 고객에게 가치를 제공함에 있어서 부가가치 창출을 위해 직·간접적으로 관련된 일련의 활동을 의미한다. 이러한

그림 1-1 가치사슬의 범위

가치사슬의 범위는 다음의 그림 1-1에 제시된 범주를 크게 벗어나지 않을 것이다.

마이클 포터의 경쟁우위론에 따르면 가치사슬은 경쟁우위를 창출하는 요소로 구성되어 있다. 이들 구성요소들은 독립된 활동들의 단순한 집합에 그치지 않고 서로 관련성이나 연계성을 가진 활동들(activities)이 체계적으로 이뤄지면서 존재한다. 즉, 부가가치를 만들어 내는 것은 기업이 행하는 활동들의 유기적인 연결에 의해 결정된다.

예를 들어 TV를 판매하는 전자제조업체라면, TV 제작에 필요한 부품 공급부터 기술개발, 디자인, 마케팅, 소비자관리, 유통 등의 모든 활동들이 TV를 판매함으로써 창출되는 부가가치에 영향을 미친다. 이때 부가가치 창출을 위한 활동들의 흐름이 바로 비즈니스 프로세스다. 따라서 가치사슬은 비즈니스 프로세스의 최상위 모습이며, 부가가치 창출의 원동력인 비즈니스 프로세스는 기업에 있어 핵심관리 대상이 되어야 한다. 요컨대 제품이나 서비스 경쟁력, 더 나아가서 기업의 경쟁우위는 기업이 운영하는 비즈니스 프로세스와 깊은 관련이 있다는 얘기다. 그리고 이러한 비즈니스 프로세스는 다음의 목표들을 지향하고 있다.

첫째, '더 빠르게' 다. 마케팅 관점에서 볼 때, 다른 경쟁업체보다 빠르게 또는 최초로 시장에 제품을 내놓는 것이 중요하다는 것은 익히 알려져 있는 얘기다. 기업은 이를 위해서 소비자의 필요성과 성향을 조기에 파악해야 한다. 또, 공급망으로부터 신속한 부품 수급과 연구개발과 생산에 드는 시간을 줄여야 한다. 이러한 적시성은 신규 제품 생산에 필요한 비즈니스 프로세스가 신속하게 구축되고 유연하게 적용되고 관리되어야 한다.

둘째, '더 좋게' 다. 먼저 시장에 출시하는 것도 중요하지만 고객이 계속해서 제품을 구매하도록 하려면 제품의 품질을 최상으로 유지하고 지속적으로 서비스를 제공해야 한다. 이를 위해서 이미 1920년대부터 품질관리를 위한 과학적 접근이 프레드릭 테일러(Frederick Taylor)에 의해 시도되기 시작했다. 그리고 이것은 측정에 의한 프로세스 개선전략으로 이어지고 있다. 즉 기존의 제품이나 서비스의 품질 제고를 위해서는 프로세스의 개선이 무엇보다 중요하다. 이것을 구체화한 경영혁신 활동이 바로 마이클 해리(Michael Harry) 박사의 '6시그마' 다.

셋째, '더 싸게' 다. 이미 마이클 포터가 원가절감(Cost Leadership)을 경쟁우위 전략으로 강조했듯이 아무리 품질이 좋다 하더라도 가격 경쟁력이 없으면 제품이 성공하는 데 문제가 있다. 가격 경쟁력은 고객이 느끼는 가격과 실제 지불한 가격과의 차이에서 비롯되는데, 이 차이를 크게 하려면 기업은 최대한 원가절감을 이뤄야 한다. 원가절감을 달성하기 위해서는 생산 능력의 효율화가 필요한데, 이는 프로세스의 자동화와 최적화에 의해 해결될 수 있다.

이렇듯 경쟁사보다 더 빠르게, 더 좋게, 더 싸게 제품이나 서비스를 제공하는 효율적 프로세스 속에 기업의 경쟁우위가 숨겨져 있다. 이를 좀더 명확하게 이해하기 위해서는 프로세스라는 개념을 확실하게 해둘 필요가 있다. 다음에서 좀더 구체적으로 알아보도록 하자.

프로세스에 대한 개념

'프로세스 경영' 은 말 그대로 프로세스 중심의 경영활동을 의미한다. ERP, CRM, SCM 등의 시스템을 갖추고 BPR, PI(Process Innovation) 활동들을 경험한 CEO에게는 매우 낯익은 개념이기도 하다. 아마도 그들은 자신의 기업에서 '프로세스 경영' 이 무난하게 이뤄지고 있다고 확신을 하고 있을지도 모른다.

그러나 그들 기업의 속내를 들여다보면 그렇지 못한 것이 현실이다. 많은 기업들이 제품의 생산 속도가 경쟁사보다 왜 느린지, 제품의 품질이 왜 문제가 있는지, 서비스 품질에 고객들이 왜 불만을 갖는지와 같은 문제를 고민하고 해결책을 찾을 때 프로세스가 아닌 다른 것에서 찾고 있다.

예컨대 일반적인 기업들은 해마다 조직개편을 함으로써 분위기 쇄신과 혁신의 동력을 찾는다. 하지만 이는 단기적인 성과달성과 한계 돌파의 혁신을 위해 동기부여가 될 수는 있어도 지속가능한 혁신이라고 보기는 어렵다. 혁신의 중심에 조직이나 제품이 앞서면 실패할 수밖에 없다. 기업의 혁신에서 프로세스가 그 중심에 놓이지 않으면 근본적이고 시스템적인 해결책이 될 수 없다. 그리고 이것이 바로 프로세스 경영이다.

프로세스 경영에서는 제품을 시장에 내놓는 적시성이 경쟁사보다 부족할 경우, 그 원인을 제품 개발팀이 아닌 제품 개발 프로세스에서 찾는다. 이것은 마치 6시그마와 비슷한 경우다. 6시그마 역시 품질의 문제나 과제 해결책을 프로세스에서 찾기 때문이다. 따라서 6시그마도 프로세스 경영의 한 방법론 중의 하나라 할 수 있다.

기업을 경영하는 CEO 입장에서는 전사의 임직원이 기업의 비전과 전략 달성을 위해 일사분란하게 움직이도록 유도하는 대상이 필요하다. 임직원 입장에서 보면 업무를 수행함에 있어 항상 염두에 두고 고민하고, 생각해야 할 대상이다. 프로세스 경영에서 그 대상이 되는 것은 바로 '프로세스'다. 이것이 기업 전체에 내재화되었을 때 업무 혁신은 자연스러운 것이 될 수 있다. 즉, 제품 혁신이 아니라 늘 혁신적인 제품을 만들어 낼 수 있는 업무 혁신을 만들어야 한다.

그렇듯 프로세스 경영이란 기업의 모든 활동을 프로세스 중심으로 배치함으로써 가치사슬 전반에 걸쳐 비효율을 개선하는 경영체계다. 프로세스에 집중하고 이를 최적화해 부가가치 창출을 늘리고자 하는 노력의 과정이라 할 수 있다.

많은 경영이론이나 경영혁신 방법이 '프로세스'를 대상으로 한다. 하지만 프로세스는 매우 추상적인 개념이기 때문에 프로세스의 개념과 의미를 구체적이고 정확하게 알고 있는 이는 드물다. 또한 범위나 수준, 깊이에 따라 프로세스의 정의는 천차만별로 다르다. 그렇기 때문에 하나의 정답을 만들기는 힘들다.

다만, 프로세스 경영의 관점에서 프로세스를 어떻게 규정하고 프로세스가 어떠한 중요성과 영향력을 가지는지 면밀하게 살펴보는 것이 프로세스 경영을 이해하는 첫걸음이 된다. 과연 프로세스란 무엇인가?

프로세스는 사용 목적에 따라 여러 가지 정의를 가지고 있다. 가장 일반적인 관점에서 프로세스를 정의해보면, 프로세스는 특정 고객이나 시장을 위해 의도된 출력물을 생산하기 위해 설계된 것으로 구조화되고 측정될 수 있는 활동들의 조합이라고 할 수 있다. 따라서 프로세스는 기업의 업무처리 절차와 생산 공정에서부터 고객 대응 과정과 협력사와의 업무처리 등 기업의 가치사슬 전체에 걸쳐 일어나는 연속된 활동이라고 볼 수 있다.

또한 프로세스는 시간과 장소를 가로질러 이루어지는 업무활동의 특정한 순서를 의미한다. 기업을 구성하는 핵심 요소로서 이를 6하(何) 원칙에 비유하자면 '무엇'에 해당되는 것이 '제품'이고, '어떻게'에 해당되는 것이 '프로세스'라 할 수 있다. 결국 프로세스란 시작과 끝을 가지며 명확히 정의된 입력과 출력을 가진 업무활동의 구조다(데이븐포트, 1990).

특히 프로세스 경영 관점에서 보는 프로세스는 다음의 그림 1-2의 화살표로 표시된 흐름과 같다.

그림 1-2 프로세스 경영 관점에서 본 프로세스의 흐름

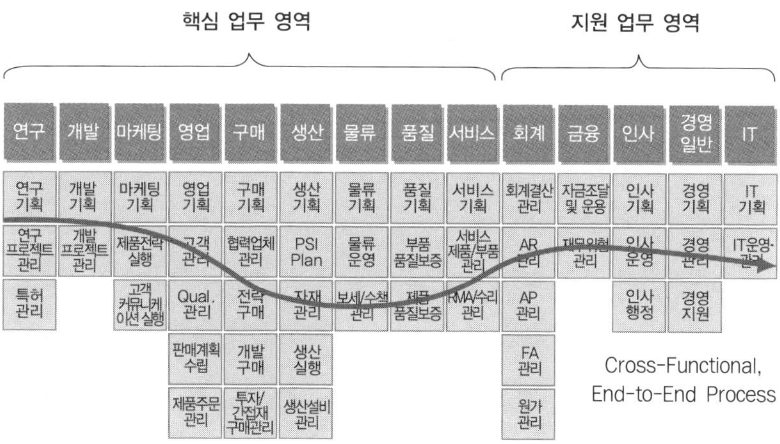

가치사슬에서 조직 간의 영역과 기능을 관통(Cross-Functional)하고 시작과 끝을 아우르는 종단(end-to-end) 간의 흐름이 프로세스 경영관점에서의 프로세스다. 즉, 가치사슬상의 일부(Silo)가 아닌 하나의

부가가치를 만들어내는 기능들 간의 흐름이 프로세스다. 단순한 업무 흐름 또는 업무절차와 프로세스를 혼동해서는 안 된다.

이러한 프로세스의 특성을 정리해 보면 다음과 같다.

첫째, 부가가치를 생산하는 단위 업무의 흐름이 가치사슬 종단 간(end-to-end)에 걸쳐 표현된다.

둘째, 시간에 따라 변화한다.

셋째, 고객의 요구와 시장상황의 변화에 따라 대응해야 한다.

넷째, 비즈니스 내부조직 간 또는 비즈니스 간의 경계를 넘어 폭넓게 분포되어 개별성을 지닌다.

다섯째, 서로 다른 기술 플랫폼에 구현된 다수의 응용시스템을 포함한다.

여섯째, 처음부터 끝까지(end-to-end)에 상당한 시간이 소요된다.

일곱째, 자동화되었거나 자동화될 수 있는 부분이 있다.

여덟째, 비즈니스 측면과 기술 측면 양쪽 모두의 특성을 지닌다.

아홉째, 사람의 지능적 활동과 판단에 의존하거나 지원한다.

하지만 어떤 면에서는 다양한 프로세스를 어떻게 나눌지가 쉽지 않다. 따라서 관리를 위한 차원으로 정의를 하고 있지 않거나 가시화가 어렵다는 것도 프로세스의 특징이라 볼 수 있다. 하지만 이미 기업에서는 프로세스란 표현을 많이 쓰고 있기 때문에 생소하지는 않을 것이다. 인재를 양성하고 관리하는 인력교육 프로세스, 제품을 생산하는 생산 프로세스, 설비와 자재를 구매하는 구매 · 조달 프로세스, 제품을 배송하거나 전달하는 물류 프로세스, 전략을 만들어 경쟁우위를 성취하려는 전략 · 기획 프로세스, 새로운 제품을 개발하고 기획하는 제품 개발 프로세스 등 수많은 프로세스가 기업에 존재한다.

그러므로 기업의 프로세스를 측정하면 기업의 제품과 서비스의 품질을 알 수 있고 경쟁사 대비 기업경쟁력도 알 수 있다. 즉 기업을 경영한다는 것은 주어진 인력과 자원을 가지고 경쟁 환경에 맞춰 프로세스를 만들어 개선하고 운영해 나가는 것이라 볼 수 있다. 특히 전술한 바와 같이 기업 가치란 프로세스 가치에 의해 결정된다고 간주할 수 있다. 따라서 프로세스를 잘 만들고 경영하는 것이 기업의 생존에 중요하다.

이처럼 세계의 일류 회사들은 앞에서 언급했듯 빠르고, 값싸고, 더 좋은 제품을 만들어 경쟁우위를 차지하려고 노력하고 있다. 언뜻 보면 제품 혁신(Product innovation)만 되면 경쟁우위가 생길 것으로 간단히 생각하기 쉽다. 하지만 이러한 경쟁우위를 위한 노력은 반드시 프로세스 혁신(Process innovation)을 기반으로 하고 있다.

빠르게 새로운 제품을 시장에 내놓기 위해서는 연구개발 프로세스가 개선되어야 하며, 주문을 받아서 고객에게 빨리 인도하기 위해서는 주문부터 인도까지의 생산 프로세스, 외주 프로세스, 물류 프로세스 등이 개선되어야 한다. 또한 값싼 제품을 만들려면 자재 구매 프로세스와 외주 프로세스, 생산 프로세스 등에서 효율화가 이루어져야 한다. 더 좋은 제품을 만들려면 구매 품질, 제조 품질, 외주 품질 등이 좋아야 한다. 제품의 판매 이후에는 애프터서비스와 제품의 라이프 사이클(Life Cycle) 관리 프로세스도 중요하다. 이처럼 관련 프로세스의 경쟁력이 무척 중요하며 이를 위해서는 우수한 관리가 필수적이다.

프로세스의 속성

기업의 경쟁력 확보가 우수한 프로세스를 보유하는 것에 달려있기에 합리적이고 최적의 프로세스를 선택하고 만들어내는 일은 중요하다. 이때, 합리적으로 수단을 선택하고 '적절한' 정도를 평가하기 위해서는 프로세스 평가를 위한 기준과 계량화가 필요하다.

프로세스의 '목적'은 전술한 바와 같이 반드시 부가가치를 창출하는 것이며 전략에 근거를 두어야 한다. 전략을 실현하기 위해 전략 목표와 프로세스의 상관관계를 명확하게 규명해야 하며, 프로세스가 어떠한 가치를 창출하는지 정의해야 한다.

이때 프로세스의 '계량화 기준'을 가장 쉽게 만들어낼 수 있는 기준은 프로세스의 산출물(Output)이다. 계량화 기준은 산출물의 생산성, 비용, 품질(Quality), 고객 만족의 대분류를 고려해 정량적으로 측정될 수 있도록 설정해야 한다. 산출물을 사용하는 소비자도 명확하게 정의되어야 하고 산출물을 만들어내는 주체 및 산출물을 사용하는 다른 프로세스도 정의되어야 한다.

이상의 관점에서 보면, 프로세스가 가지고 있어야 할 기본 속성은 다음과 같다.

표 1-1 프로세스의 기본 속성

프로세스 기본 속성	세부 설명
목적	프로세스가 가지고 있는 목적과 창출하는 부가가치
관련 전략	프로세스와 관련된 기업의 전략 목표
프로세스 소유자	프로세스 실행과 성과, 운영의 책임자
입력물/산출물	프로세스 실행에 필요한 입력 자원/ 프로세스 실행 후 생성되는 출력 자원 및 결과
선, 후행 프로세스	입력물을 제공하는 프로세스와 출력물을 사용하는 프로세스
프로세스 성과(KPI)	프로세스를 평가하는 정량적인 기준

물론 이 밖에도 필요에 따라 다양한 관리 속성을 포함하고 있다. “측정하지 않으면 관리할 수 없다”라는 말이 있듯이 프로세스를 운영하기 위해서는 반드시 측정이 필요하다. 그렇기 때문에 프로세스 경영 관점에서는 프로세스를 계량적으로 측정할 수 있는 지표가 필요하고, 이 지표를 활용해 프로세스를 개선시켜 나가야 한다. 그러나 더욱 중요한 것은 기업의 전략을 프로세스가 어떻게 수행하느냐의 문제다. 이것은 굉장히 중요하고 어려운 점이다. 기업의 전략과 비즈니스 프로세스 간에는 접근하는 방법과 크기가 다르기 때문이다.

프로세스와 기업의 전략을 연계시키는 방법에 대해서는 제4장에서 자세히 살펴보도록 하고, 여기서는 프로세스가 부가가치를 창출하기 위해서 기업의 전략에 근거를 두고 있다는 정도만 이해하도록 하자.

02 프로세스 경영의 역사

프로세스 경영의 진화

프로세스의 중요성이 강조되고 '프로세스 경영'이 기업 경영에 있어 화두로 떠오른 것은 1990년 마이클 해머(Michael Hammer)의 BPR(Business Process Reengineering) 개념이 소개되면서부터다. 물론 마이클 해머의 BPR 이전에도 프로세스 중심의 경영, 즉 '프로세스 경영'은 있어왔다. 그 역사는 18세기 아담 스미스의 공장모델까지 거슬러 올라갈 수 있지만, 최초의 과학적 방법이 도입된 1920년대의 프레드릭 테일러부터 그 흐름을 짚어 볼 수 있겠다. 이에 대한 구체적인 설명은 다음과 같다.

생산성 향상 단계

산업혁명 이후부터 기계에 의한 동력을 활용하는 대량생산의 기틀이 만들어졌다. 그러나 당시에는 노동자의 노동시간과 노동량에 의존한 생산량 확대를 시도했다. 즉, 생산량 향상에 대한 일차원적인 접근만이 이루어졌다. 그 후, 1920년대에 접어들어 테일러에 의해 노동의 생산성을 수학적 근거로 계산한 과학적 관리론이 등장했다.

이로써 분업화, 전문화를 통한 생산성 향상을 꾀하기 시작했다. 특히 컨베이어 벨트로 상징되는 포드(Ford) 생산 시스템은 테일러의 과학적 관리론의 상징이다. 일련의 제품 생산 프로세스가 관리되기 시작한 것이다. 또 이를 위해서 노동자들의 분업화, 전문화와 더불어 생산과정의 표준화와 부품의 표준화가 동반되어야 했다. 이것이 첫 번째 프로세스 경영의 사례라고 할 수 있다. 제품 생산량 확대를 위해 프로세스를 조직화하고 표준화해 적용했기 때문이다.

여기서 중요한 점은 컨베이어 벨트가 설치되기 전에도 노동자들의 지식 속에는 제품을 생산하는 일련의 과정이 있었다. 그러나 지식 속에 있는 프로세스들은 표준화되어 있지도 않고, 실체화되어 있지도 않기 때문에 과학적 관리가 되지 않았다. 따라서 생산성 향상이 있을 리 없었다. 컨베이어 벨트는 이것을 표준화하고 실체화했다는 점에서 프로세스 경영의 시발점이라고 보는 것이다.

품질 향상 단계

1930년대에 슈와르츠는 SQC(Statistical Quality Control)를 제시했다. 그러나 품질관리팀만으로 품질을 다루는 것에 한계가 있다고 해서 1960년대, 일본에서는 이를 전사적인 품질관리기법인 TQC(Total Quality Control)로 발전시켰다. 다시 1980년대, 미국에서 TQC를 보강한 개념으로 TQM(Total Quality Management)이 등장했다. 이는 경영진부터 품질에 관해 솔선수범해야 한다는 의미의 기법이다.

이와 동시에 1980년대 중반에는 프로세스 분석과 개선의 방법이 변화되면서 커뮤니케이션과 각 부서의 프로세스 성과를 향상시키는데 필요한 다기능팀이 만들어졌다. 이것은 부서별로 프로세스를 관리하던 것에서 벗어나 플로우차트(Flowchart)와 프로세스 맵의 중요성을 재부각시키도록 했다.

이처럼 이미 1980년 중반에 미국이나 일본의 선진 기업들은 프로세스 성과와 문서 등에 관심을 두기 시작했다. 특히 1980년대 일본 기업들이 급부상하면서 미국을 비롯해 여러 국가의 기업들이 일본에서 꽃피운 품질경영 모델 TQM에 흥미를 가지게 되었다.

TQM은 1970년대에 가졌던 "좋은 프로세스를 만들면 비용이 증가된다"는 의식을 "실상은 비용을 줄여준다는 것"으로 고쳐주었다. 또한 고객중시, 성과측정, 직원참여로 작업을 개선하고 이에 따라 노출된 단점을 고치게 했다. 즉, TQM은 품질확보를 위한 차원으로 프로세스에 주목했다. 이는 1987년, 모토롤라에 마이클 해리의 6시그마를 도입하는 성과로 이어졌다. 6시그마 역시 품질의 개선점을 프로세스에서 찾는 기법이다.

한편, 프로세스의 합리화로써 대량생산 역량을 키운 기업들은 1970년대에 품질 경쟁시대로 접어들면서 프로세스를 통해 품질을 개선하기 시작했다. 그리고 이러한 '품질 개선을 위한 프로세스의 중요성'은 현재에도 전통 제조업의 생산 프로세스, 이른바 공정의 중요성에서도 살펴볼 수 있다.

한 예로 반도체 산업에 있어 반도체 제조사의 경쟁력은 공정관리의 경쟁력에서 좌우된다 해도 과언이 아니다. 특히 반도체 산업에서는 불량률의 반대라 할 수 있는 수율의 관리가 핵심경쟁력 중의 하나다. 예를 들어 매출이 10조 원인 반도체 업체에서 수율이 1% 떨어지면 1천억 원의 매출 손실이 생기는 것으로 알려져 있다. 이러한 반도체 수율은 공정관리에 따라 결정되기 때문에 공정이 중요한 경쟁력이 될 수 밖에 없다.

경영혁신 단계

1990년 마이클 해머가 주창한 BPR의 핵심 사상은 모든 것을 처음부터 다시 생각한다는 개념으로, 기업의 역사에서 빚어진 자연스러운 발상이라 할 수 있다.

즉 기업의 역사를 살펴보면 신생 기업이 중견 기업을 앞서는 현상이 종종 있었다. 이는 신생 기업의 특성상 신규 프로세스를 밑바닥부터 수월하게 구축할 수 있다는 장점이 경쟁력을 가져온 덕분이다. 바로 이러한 관점과 유사한 것이 BPR이다. 마이클 해머는 기존의 낡은 프로세스를 버리고 처음부터 새롭게 설계할 것을 주문했다. 이것이 이른바 경영혁신이다.

이러한 경영혁신 열풍이 기업들 사이에서 불기 시작한 것은 1990년 무렵이다. 당시 미국 기업은 힘든 시기를 맞고 있었다. 일본 제품의 품질이 미국 제품보다 월등해지면서, 도요타 자동차나 소니 TV들의 미국 시장 점유율이 높아지고 있었다. 이것은 이미 1980년대부터 시작된 변화였다.

또한 1980년대 후반에는 개인 컴퓨터가 기업에 많이 도입되고 인터넷이 소개되기 시작했다. 하지만 당시만 해도 기업은 컴퓨터를 단순하게 활용했다. 사람이 손으로 할 것을 컴퓨터가 대신하는 정도에서 그쳤던 것이다. 그뿐만이 아니다. 시대적 상황과 노동인력의 수준이 100년 전 산업혁명이 일어날 당시와 비교해 크게 달라졌음에도 불구하고, 인간은 예전의 경영방식을 100년 후인 당시에도 사용하고 있었다. 이는 미국 기업에 위기감으로 전해졌고, 기업들은 살아남기 위해서 무엇인가 해야만 했다. 그래서 시작한 것이 일본 기업의 강점이었던 품질과 효율을 배우는 것이었다.

또한 원가절감과 고객만족을 위해서 개발기간과 생산기간을 줄이는 데 집중했다. 물론 기업들은 예전부터 시간을 줄이기 위해 많은 노력을 해왔다. 이미 1920년대에 프레드릭 테일러가 시간과 동작 연구에 의한 '과학적 관리법(Scientific Management)'을 제시하며 작업시간을 줄이는 기법을 제시한 바 있으며, 미국의 대부분 기업들 역시 이 방법을 활용해 왔다. 작업을 세분화하거나 작업자는 노동에 집중하고 문서 작성, 검토, 승인이 각각 다른 사람들에 의해 분담이 되는 식이었다.

하지만 1990년대에 접어들면서 기업들은 이러한 방법이 더 이상 효과적이지 않다는 것을 깨달았다. 즉 이제는 생산시간을 줄이기 위해서는 작업을 세분화하기보다는 작업의 수를 줄여야 하고, 고객이나 시장에 인도될 때까지의 시간을 줄이기 위해서는 단위 작업의 리드타임을 줄여야 한다는 것을 알게 되었다. 더구나 고등교육 이상의 교육을 받은 사람들에게는 문서 작성, 검토, 승인이 각각 다른 사람들에 의해 이루어질 필요가 없었다. 확인하고 또 확인하고 또다시 확인하는 일은 교육과 훈련이 충분한 사람에게는 중복 작업에 불과했다.

그러나 기존의(과거의) 업무나 작업 방식에 익숙한 사람들은 이러한 단계들이 불필요하다는 것을 깨닫지 못했다. 이미 여러 단계의 감독과 중복된 모니터링으로 인해 시간이 지연되고 불필요한 작업이 이어지는 문제가 심각했음에도 말이다. 실제로 이런 문제들은 작업자들이 지루해지거나 노동력을 낭비하는 결과로 이어졌고 엄청난 생산성의 저하로 이어졌다.

이에 마이클 해머의 동료였던 제임스 챔피(James Champy)는 리엔지니어링 기업 혁명(Reengineering the Corporation)이라는 저서를 통해 그들이 경쟁력이 있는 기업들에서 관찰한 변화를 경영기법으로 제시했다. 동시대에 나왔던 마이클 해머의 BPR과 토마스 데이븐 포트(Thomas H. Davenport)의 PI 모두 같은 개념의 경영기법이라 할 수 있다.

해머를 비롯한 리엔지니어링의 주창자들은 "오래된 절차를 버려라! 낡은 시스템을 내던져 버려라! 어떠한 것도 당연한 것으로 여기 말고 다시 한 번 숙고하라! 익숙한 것을 버리고 엉뚱함을 추구하라!"(Smith와 Fingar, 2003)고 주장했다. 이들에 의하면 비즈니스 영역에서 극적인 개선을 달성하기 위해서는 획기적인 재설계가 필요했다.

마이클 해머는 예전의 수직적 작업 설계에 익숙한 경영인들에게 과거의 방식을 생각하지 말고, 처음부터 근본적으로 다시 생각하고 과감한 혁신을 생각해 큰 그림을 그리라고 주장했다. 여기에 정보기술(Information Technology)의 발전은 본질적으로 업무하는 방법을 바꾸었다.

정보기술에 의한 대표적인 변화는 '한 사람의 작업이 끝날 때까지 다음 사람이 기다릴 필요'가 없어진 점이었다. 언제나 파일을 통해 앞 사람들이 어디까지 했는가를 알 수 있고 필요한 정보를 받은 즉시 뒤의 사람은 일을 시작할 수 있었다.

이러한 업무 방법은 작업이 직렬적(Serial)으로 전개되지 않고 병렬적으로 전개될 수 있도록 했다. 즉, 앞 사람이 일을 끝마치기 전에 뒤의 사람이 일을 시작할 수 있게 해 작업소요 시간을 크게 줄였다. 또한 앞 사람의 일을 먼저 알 수 있게 됨으로써 문제가 생길 부분 역시 미리 파악할 수 있도록 했다. 이로써 문제가 커지기 전에 의논을 통해 사전에 해결할 수 있도록 도왔다. 문제가 발생한 뒤에 해결하고 재작업을 함으로써 벌어지게 되는 시간의 지연이나 중복 작업을 줄일 수 있게 한 것이다. 이러한 효과는 선후 공정에서 상호 간에 발생하는 중복 작업과 문제 작업을 사전에 의논해 줄일 수 있고 시간을 단축하는 효과로 이어졌다.

물론 이를 위해서는 기존의 업무 방식과 프로세스가 바뀌었고 이에 맞추어 조직도 변화해야 했다. 하지만 기존의 업무 방식에 익숙한 구성원들의 대부분은 변화를 싫어했다. 업무 방식의 변화로 인해 자신의 업무가 바뀌는 경우 새로운 업무 방식을 배우는 것에 대해 저항이 심했다. 업무가 축소되는 경우도 많았는데, 그런 경우 권한도 줄어들었기 때문에 역시나 많은 저항을 불러일으켰다.

예를 들어 조직이 변화면서 프로세스의 속도가 빨라지고 이에 익숙하지 않은 사람들은 당혹감을 느끼곤 했다. 부서가 없어지거나 줄어드는 경우도 많아서 이에 따라 직책이 줄고 권한도 줄게 되었다. 책임자급의 권한이 줄어들고 실질적으로 부가가치가 생성되는 작업을 하지 않으면 밀려 날 수밖에 없는 경우도 많았다. 또한 작업자 자신은 작업만 하고 검토나 확인은 다른 구성원이 하던 방식에서 모든 것을 작업자 본인이 검토하고 확인하거나 아예 그런 과정이 없어지면서 자신이 하는 일에 좀더 신중하게 되었다. 물론 이런 일은 많은 사람에게서 환영을 받았지만 새로운 방식에 익숙하지 않은 일부 사람들은 부담을 많이 갖게 되었다.

결과적으로 비즈니스 리엔지니어링은 프로세스상의 필요 없는 일과 인원을 줄일 수 있었다. 하지만 비즈니스 리엔지니어링에 익숙하지 못한 많은 컨설턴트들 중에는 무조건 인원을 줄여야 한다는 강박 관념으로 비즈니스 리엔지니어링을 추진해 더 많은 저항을 가져오기도 했다. 또한 리엔지니어링은 프로세스 전체를 바꾸는 것이기 때문에 실패하는 경우 다른 프로젝트와는 달리 조직에 엄청난 피해를 줄 수 있었다. 특히 대규모로 추진되다 보니 비용도 많이 소요되었다. IT가 동반되어야 되는 경우도 많아서 비용은 예상보다 많이 들어갔다. 이러한 부담은 회사의 경영진이 비즈니스 리엔지니어링의 추진을 결정하는 데 걸림돌이 되었다. 또는, 한 번 추진했던 기업이 다시 추진하는 것에도 주저하게 만들었다.

물론 앞에서 소개한 바와 같이 비즈니스 리엔지니어링은 많은 장점이 있다. 하지만 리엔지니어링의 성공률이 30%대를 밑돌고 있는 이유는 조직 내의 무시할 수 없는 저항과 이러한 문제점을 해결하지 못하고 일을 진행했기 때문이다. 때문에 리엔지니어링의 경험자들은 리엔지니어링의 고통과 작업의 힘듦에 대해 많이 지적하고 있다.

가치사슬 관리와 IT 시스템 도입 단계

2000년에 들어와 한국 기업은 생존을 위한 급격한 변화의 과정 속에 있다. 1997년에 IMF 경제 위기를 겪은 후, 매출과 외형 성장 위주의 기업 경영방식은 이익과 내실 중심으로 전환되고 있으며, 상품과 서비스 경쟁력이 중심이 되는 진정한 시장 경제로의 이행이 급속도로 진행되고 있다. 그러면서 경쟁사보다 시장의 흐름을 먼저 파악하고, 고객에게 더욱 싸고, 좋고, 빠른 서비스를 제공하는 "작고 강하고 유연한" 조직만이 경쟁에서 살아남는 시대로 변하고 있다. 그러나 기업들의 경영혁신 노력에도 불구하고 한국기업이 안고 있는 문제는 여전히 많다.

결국, 한국 기업들은 그동안 경영혁신을 위해 막대한 투자를 했음에도 불구하고 기대한 성과를 거두지 못하고 있다. 이런 점은 외국도 크게 다르지 않다. 그 이유는 혁신활동이 시장 경쟁력 확보를 위한 전략이자 핵심 경영 요소로 자리잡지 못했기 때문이다. 혁신활동이 기업 경영의 주변을 맴돌면서 유행에 그치고 경영 성과로 연결되기 어려웠기 때문이다.

기업의 정보화 역시 마찬가지였다. 시장 경쟁력 확보와 투자 효과 차원으로 진행되어야 했지만 정보화라는 관점에만 치중한 나머지 많은 자원을 장시간 동안 투입해 기업의 부담만 가중시킨 사례도 많았다. 또한 대부분의 정보시스템은 부분 최적화에는 기여했으나, 기업 경영 정보를 정보의 섬(Islands of Information)으로 분할해 가치사슬 최적화와 고객가치 창출에 기여하지 못했다. 결과적으로 이는 경영성과에 연결될 수 없었다(안승혜와 백창현, 2000).

그 밖에 급격히 도래하는 전자상거래와 같은 e-비즈니스 환경은 일반 상거래의 속성과 산업 간의 경계마저 변화시키고 있다. 따라서 과거에 비해 한층 개방된 경제 환경하에서 선진업체와 경쟁 및 협력을 해야 하는 국내 기업들이 느끼는 부담과 혼란은 매우 크다. 이러한 변화는 민첩성과 유연성, 경영의 투명성을 요구한다. 이를 위해 기업은 프로세스 관리와 전략 실현을 위한 정교한 시스템을 필요로 한다.

최근에는 IT 통합기술, 모바일 컴퓨팅 관련기술, 분산객체 관련기술, 웹 환경, 개방형 시스템 등 새로운 정보 기술이 경영 패러다임을 근본적으로 바꾸고 있다. 이러한 IT 기술의 발전은 프로세스 관리 기술, 기업 애플리케이션 통합(Enterprise Application Integration, EAI), 기술 및 웹 서비스 기술을 제공하게 되었다. 하지만 비즈니스 요구와 IT 사이의 차이(gap)를 줄이는 데 BPR이나 PI는 수개월에서 몇 년이 소요되었고 ERP 시스템은 변경이 매우 어려워지면서 새로운 프로세스 경영을 요구하고 있다.

프로세스 경영 단계

1990년대 중반을 기점으로 리엔지니어링에 대한 흥미가 많이 줄어들기 시작했다. 리엔지니어링은 극적이면서 급격한 프로세스 혁신 방법이었다. 하지만 리엔지니어링을 통해 프로세스를 개선하려면 프로세스뿐만 아니라 주변의 이해관계자까지 분석할 필요가 있다. 따라서 제품 개발에 관한 리엔지니어링이라면 현재 프로세스를 담당하고 있는 인원뿐만 아니라 IT, 인사관리, 고객, 공급자 등 이 프로세스에 관련되는 모든 부서의 인원이 같이 참여를 해야 했다.

즉, 리엔지니어링이 추구한 방법은 지속적 개선의 방법과 비슷했지만 해결책을 찾는 방법은 크게 달랐다. 현재의 프로세스를 고려하기보다 제품 개발에 필요한 기능만을 체크한 후에 전혀 새로운 프로세스를 만들었다. 이 과정에서 현재의 프로세스나 담당자들에 대한 고려는 전혀 없었다.

또한 이런 과정에서 리엔지니어링은 개별 프로세스 단계의 업무 흐름과 입력이나 출력에 지나치게 집중하는 문제점이 있었다. 비록 리엔지니어링이 조직의 이기주의, 중복업무, 부가가치가 없는 업무, 타성, 점진주의를 타파하는 데는 분명히 큰 효과를 보았다. 하지만 프로세스에만 주목한 나머지, 어떻게 개선된 프로세스를 실행하고 더 나아가서는 계속적으로 개선해 나갈 것인가에 대한 관심은 부족했다. 담당자의 역할을 하나의 도구로 볼 뿐, 그들의 업무에 대한 지식을 활용하는 능력에 관한 배려도 부족했다.

하지만 이러한 단점에도 불구하고 리엔지니어링은 그 자체가 중요한 시도였고 앞으로도 계속되는 과제다. 리엔지니어링은 모든 것을 잊거나 버리는 일의 시작이었고 기업의 의식을 바꾼다는 면에서 큰 의미가 있기 때문에 어떤 형태로든지 계속되어야 하는 것이다. 특히 현재와 같은 치열한 경쟁상황하에서는 프로세스의 혁신이 없이는 경쟁에 이길 수 없다.

여러 학자들은 리엔지니어링이 프로세스 혁신을 위한 수많은 방법 중의 하나라고 이야기한다. 반면 위험성과 내부의 저항과 조직의 혼란을 고려해 볼 때 시간과 비용이 문제가 아니더라도 5년이나 10년마다 리엔지니어링을 반복하기는 힘들다. 때문에 조직은 위험이 높은 리엔지니어링을 하지 않고도 리엔지니어링이 의도하는 프로세스 개선을 통해 성과를 높일 수 있는 방법을 찾아야 한다.

또 리엔지니어링은 현 프로세스와 담당자의 지식을 무시하는 경향이 있어서 새롭게 설계된 프로세스가 실행되는 데 많은 어려움이 있었다. 프로세스의 성과를 높이기 위해서는 우수한 프로세스 설계와 우수한 실행력이 모두 요구됨에도 말이다.

이에 2000년대에 들어서면서 이러한 BPR, PI가 가진 단점에 대한 반성과 함께 새로운 대안이 요구되었다. 기업들은 과거의 경험과 유산을 바탕으로 프로세스를 혁신하고 조직의 참여를 이끌어 낼 수 있는 방법론이 필요했다. 이때 등장하게 된 새로운 프로세스 경영이 바로 BPM(Business Process Management)이다.

BPM은 핵심 가치를 반복적이고 지속적인 프로세스 개선과 민첩한 프로세스 적용에 두고 있다. 기본의 프로세스 경영과 BPM을 비교해 보면 그림 1-3과 같다(Smith와 Fingar, 2003).

그림 1-3 프로세스 경영의 진화

1980's First Wave	1990's Second Wave	2000's Third Wave
TQM	BPR/PI & ERP	CPI (Continuous Process Improvement)
• 제품 품질 혁신에 집중 • 시간에 비해 낮은 실행력 • 수작업 업무/자동화 부족 • 변화에 대한 낮은 적응력	• One-TIme Optimization • Global Best Practice가 내재화된 패키지 솔루션(ERP) 중심 • IT 수정 및 개선의 어려움(민첩성 결여)	• Closed-Loop Optimization • 점진적, 지속적, 반복적 프로세스 개선 • 변화에 대한 능동적 대처 • 프로세스 중심의 경영

BPM은 과거 프로세스 경영의 반성과 진화 속에서 자연스럽게 발전한 개념이다. 이 때문에 BPM을 두고 그동안 수많은 오해가 있어왔

다. 그러나 BPM은 BPR, PI를 이은 차세대 프로세스 경영이다.

과거 기업이 변화와 개선을 시도하고 있고 급진적인 리엔지니어링에 기반을 둬 변화를 추구했다면, BPM은 IT병목 현상과 단절을 제거하고 예방할 수 있다. 만일 경영층이 네트워크화된 총체적인 구조를 선호한다면 BPM은 맞춤 설계된 프로세스를 지역적으로 또는 글로벌하게 실행하는 데 도움이 될 수도 있다. 또, 시장이 새로운 효율성과 고도의 자동화를 요구한다면 BPM은 기존 응용시스템에 국한하지 말고 조직의 그 특정한 요구에 적응할 수도 있다. 특히 기업이 성과 측정을 위해 BSC를 사용한다면 BPM은 필요한 데이터를 생성하고 이를 분석할 수 있다.

최근 미국에서 시작된 경제 위기는 우리나라의 모든 기업을 힘들게 하고 있다. 이럴 때는 유동성을 올리기 위해 제품 판매만큼 좋은 것은 없다. 제품 판매를 늘리려면 제품 개발과 고객의 요구에 신속하게 대응해야 한다. 하지만 어려운 때일수록 비용이 많이 들고 시간이 오래 걸리는 복잡한 신규 응용시스템에 투자할 수 있는 여력이 부족한 기업이 많다. 이럴 때 프로세스 혁신은 경쟁력을 높이기 위한 가장 최선의 수단이다.

기업은 프로세스 실행을 통해 필요한 만큼 사람이 하는 업무를 줄임으로써 인력의 부담도 줄일 수 있고 프로세스의 사이클 타임을 줄일 수 있다. 사람이 관여하는 업무가 적어질수록 시간은 줄어들게 마련이다. 프로세스 경영은 단순자동화보다 더 중요하다. 구성원의 생산성을 증대시킬 수 있으며 업무의 질을 향상시킬 수 있다.

또한 프로세스 경영은 경기 활황기에도 필요하다. 그러므로 자금 능력이 있는 기업은 경기 활황기를 위해 지금 준비해야 한다. 교육에도 좋을 때고 여력의 인원을 프로세스 혁신을 위해 배정하기에도 좋을 때이다. 경쟁사보다 앞서가기 위해서는 혁신을 가속화해야 하기 때문이다.

기업을 둘러싼 경쟁 환경과 고객의 요구는 조직의 변화를 요구한다. 이 변화는 조직 전반에 걸쳐 영향을 주기도 하고 일부분에만 영향을 주기도 한다. 급격한 개선이 필요하기도 하고 점진적인 개선이 필요하기도 한다. 바로 이러한 개선은 새로운 조직을 만들고 조직 구성원을 바꾸고 새로운 역할과 기존 프로세스의 변경을 수반하면서 기업이 시장 확대와 신제품 개발 등으로 경쟁 환경과 시장 변화에 대응해야 한다.

그렇듯 이제는 기업이 스스로를 새로이 만들 수 있으며 만들어야 한다. 기존 프로세스를 리엔지니어링하거나 새로운 프로세스를 만드는 대신에 기업이 필요로 하는 베스트 프랙티스(Best Practice)를 획득해 기업의 형태와 사업 범위를 재정의해야 한다. 특히 리엔지니어링을 통해 새로운 프로세스를 재구축한 것에서 더 나아가 프로세스를 관리할 수 있는 능력을 활용해 아웃소싱으로써 기업의 범위를 넓혀야 한다.

물론 이러한 시도는 기업이 새로운 사업을 시작하는 만큼의 리스크를 수반하지 않는다. 기업은 수많은 새로운 프로세스를 새로 시작할 수 있다. 따라서 이제는 리엔지니어링을 넘어 새로 시작할 때이다. 이제 위기가 기회가 될 수 있다는 것을 BPM 도입을 통해 확인할 때이다.

03 차세대 프로세스 경영, BPM

BPM의 등장 요인

BPM의 등장은 두 가지 측면에서 이해되어야 한다. 첫 번째는 경영이론의 발전 측면이고, 두 번째는 기업 IT 기술적용의 발전 측면이다.

경영이론의 발전 측면에서 살펴보자면, BPM은 전술한 바와 같이 경영혁신의 정점에서 지속 가능하고 효율적인 프로세스 혁신의 방법을 찾은 결과에 따라 탄생했다.

또, IT 기술의 발전 측면에서 보면, '비즈니스-IT의 간극(gap)'을 극복하기 위한 기술 발전의 결과에서 비롯됐다. 즉 비즈니스와 IT 사이에 간극이 있다는 얘기는 빠르게 변화하는 비즈니스 환경을 IT 시스템들이 재빨리 지원하지 못한다는 의미다. IT 시스템들이 비즈니스만큼 민첩하게 변화되지 못해서 발생하는 문제는 우리의 일상적인 기업 환경에서도 종종 목격할 수 있는 일이다. 대표적으로 IT 시스템을 변경하려면, 비용과 인력, 기간이 많이 소요되는 경우가 그렇다.

비즈니스 환경이 변하는 것은 외부 요인에 의한 것이 더 크다. 이러한 외부 변화를 좇아 가는 데 있어 과거의 IT 기술들은 역부족이었다. 그러나 2000년대에 들어서면서 상황은 바뀌었다. 기업의 내·외부의 프로세스 통합 기술과 프로세스 관리 기술들이 성장하면서 신속한 IT 시스템 구축과 프로세스 관리 시스템, BPM이 등장했기 때문이다.

BPM의 핵심개념

BPM의 정의를 다시 한 번 살펴보자. 굳이 BPM의 정의를 다시 언급하는 이유는 BPM은 BPR이나 PI처럼 경영학자에 의해 뚜렷하게 정의가 내려진 바가 없이 업계에서 자연 발생적으로 도출된 개념이어서 사람마다 정의하는 바가 다르기 때문이다. 이는 굉장히 중요한 문제이기도 한데, 실제로 초창기에는 BPM의 모호한 개념 때문에 많은 오해와 시행착오가 있었다.

글로벌 IT리서치, 컨설팅 회사인 가트너(Gartner)는 BPM을 "조직의 업무와 프로세스를 지속적으로 최적화하는 경영활동"으로, 오범(Ovuum)은 "비즈니스 프로세스를 지속적으로 관리할 수 있도록 지원하는 변화관리 및 시스템 실행 방법론"으로 정의하고 있다. 이 두 가지 정의에서 살펴볼 수 있는 공통적인 사항은 "지속적인 프로세스 개선과 관리"이다.

따라서 BPM은 "기업의 비즈니스 프로세스를 끊임없이 개선, 최적화하는 지속적인 관리활동"으로 정의할 수 있다. 그러나 BPM의 정의보다 더 주목해야 할 점은 "비즈니스 프로세스의 지속적인 개선"이라는 BPM의 과제를 수행하기 위한 핵심 개념들이다. 즉 "비즈니스 프로세스의 지속적인 개선"을 위해서 BPM은 아래와 같은 핵심 개념을 제시한다.

그림 1-4 BPM의 반복적 프로세스 개선 주기

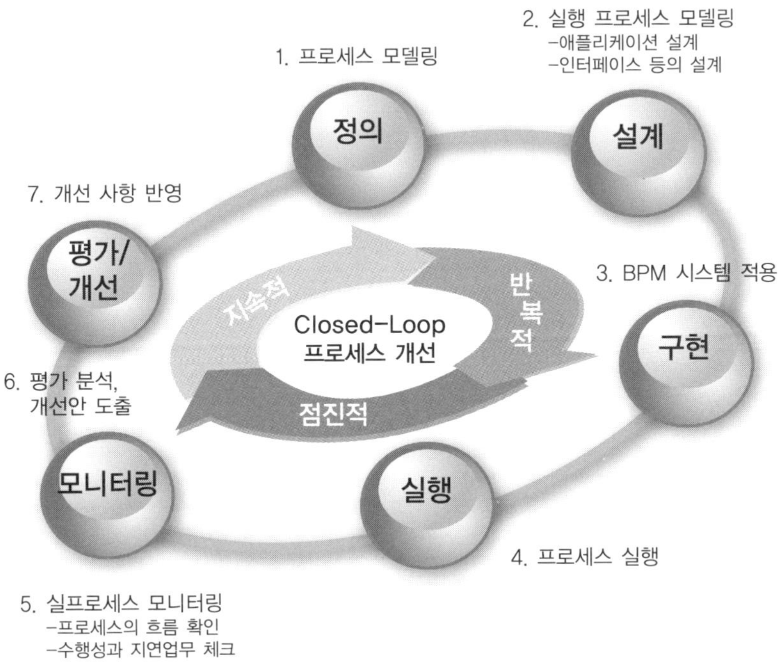

첫째, 기업의 전략을 실행하고 부가가치 창출에 이바지하는 조직간 프로세스에 집중한다.

둘째, 비즈니스 프로세스는 기업의 핵심자산으로써 활용, 관리된다.

셋째, 현재의 프로세스(As-Is Process)를 기반으로 점진적이고 반복적인 프로세스 개선을 한다(그림 1-4 참조).

넷째, 실적 데이터에 근거한 분석을 통해 프로세스를 개선한다.

다섯째, 신속한 프로세스 변경과 적용이 가능한 프로세스 민첩성을 제공한다.

여섯째, 현업의 실무자가 자신의 업무 프로세스를 직접 개선하도록 한다.

BPM에 의한 경쟁력 제고

BPM을 프로세스 경영으로 받아들인 기업은 어떠한 모습이며, 어떤 경쟁력을 가지게 될까? 가트너(Gartner, 2006)에 따르면 다음 그래

그림 1-5 BPM의 도입 효과(출처: Gartner, 2006년)

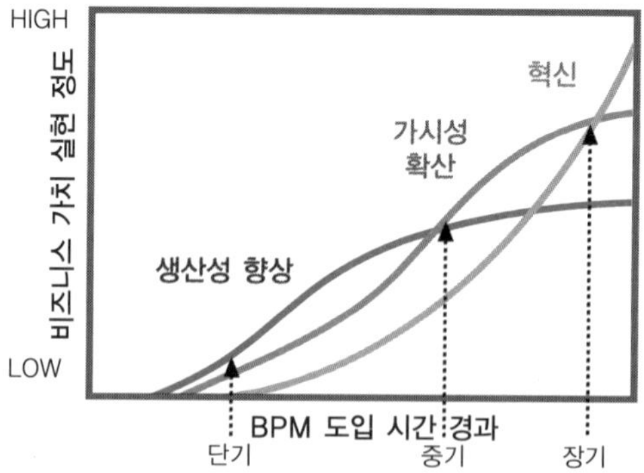

프와 같이 단계적으로 BPM 도입효과가 나타난다.

즉, BPM 도입 후 경과 시간에 따라 3단계에 거쳐 기업의 경쟁력 제고를 가져오는데, 한 단계씩 자세한 사항을 알아보도록 하자.

생산성 향상 단계

BPM을 도입하면 1차적으로 프로세스 개선에 의한 생산성 향상이 이루어지게 된다. BPM의 지향점인 지속적인 프로세스 개선은 끊임없는 프로세스의 탁월성(Excellency)을 추구하게 되고 이는 프로세스의 효율화와 최적화로 이어져 업무 생산성 향상의 기회를 자연스럽게 가져오게 된다. 일반적으로 BPM 도입 초기 단계에는 15~150% 가량의 업무 생산성이 향상되는 것으로 보고되고 있다(Gartner, 2006).

BPM에 의한 생산성 향상의 특징은 지속적이라는 점이다. BPR과 같이 일시에 새롭게 바꾸는 빅뱅(Big-Bang) 방식의 접근이 아니기 때문에 당장의 극적인 생산성 향상이 눈에 띄지 않을 수도 있다. 그러나 현재 프로세스를 기반으로 개선해 나가는 만큼 조직이 수용하기 쉽고, 내재화가 가능하다. 때문에 진정한 변화를 조직 구성원 스스로 갖추고 만들어 나갈 수 있는, 즉 상시 생산성 향상 체제를 갖춘다는 측면에서 BPM의 우수성이 있다.

가시성 확산 단계

BPM 도입 초기에 생산성 향상이 이루어졌다면, 도입 중기에는 프로세스 가시성과 비즈니스 민첩성(Business Agility) 향상을 가져오게 된다.

프로세스 가시성이 향상된다는 것은, 기업의 모든 활동들이 프로세스 중심적으로 바뀌면서 프로세스적 사고, 프로세스적 통찰이 보편화되고, 모든 조직원들에게 내재화되어 있음을 의미한다. 프로세스 경영의 정의에서 전술한 바와 같이 프로세스를 중심으로 기업의 전략과 조직이 배치되어, 프로세스 수행 결과가 기업의 성과로 바로 이어지는 단계라고 할 수 있다. 그렇기 때문에 기업 활동의 모든 원인과 결과는 비즈니스 프로세스 중심적이다.

비즈니스 민첩성 향상이란 비즈니스 환경 변화에 빠르게 대응하는 스피드 경영과 비슷한 의미를 가진다. 그러나 스피드 경영이 빠른 의사결정을 강조하고 있다면, BPM이 제공하는 비즈니스 민첩성 향상은 약간 다른 것을 의미한다. 빠른 의사결정보다는 수시로 바뀌는 비즈니스 환경에 재빨리 맞추는 실행 능력을 강조하고 있기 때문이다. 이것은 이른바 가트너(Gartner)가 제시한 실시간 기업(Real-Time Enterprise, RTE)의 모습과 유사하다. 실제로 가트너는 RTE가 갖추어야 할 기본 인프라스트럭처로써 BPM을 가장 중요한 요소로 꼽고 있다.

비즈니스 민첩성은 특히 오늘날처럼 급변하는 경영환경에 반드시 필요한 핵심 경쟁력이다. 그렇기 때문에 2006년 가트너(Gartner)의 조사결과는 흥미롭다. 당시 BPM의 도입 이유를 묻는 질문에서 BPM을 도입한 기업들은 비즈니스 민첩성 향상을 첫 번째 이유로 꼽았다.

반면, 이 조사보다 3년 전의 조사 결과는 이와 크게 다른데, BPM을 도입하는 주된 목적이 비즈니스에 소요되는 시간의 단축과 생산성 향상이었다(Gartner, 2003년).

그림 1-6 2006년 BPM의 도입 이유(출처: Gartner, 2006년)

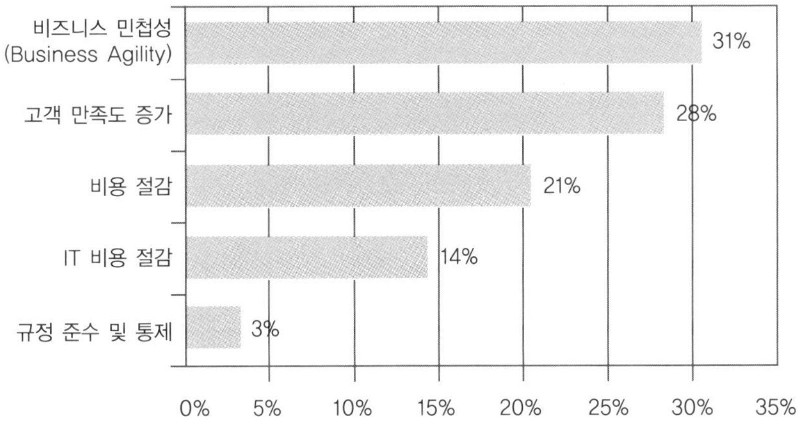

2003년은 BPM이 처음 도입되던 시기로, 앞서 살펴보았듯이 BPM 도입 초기 단계에는 생산성 향상이 두드러진 경쟁력 향상이 주요 이유였다.

그렇다면, BPM이 어떻게 비즈니스 민첩성을 제공할 수 있을까? 이는 BPM이 비즈니스 프로세스를 실체화된 대상으로써 관리하고 경영하기 때문에 가능하다. 비즈니스 환경이 바뀌어 업무가 바뀌어야 한다면 BPM은 관리하는 프로세스를 신속하게 바꾸어 대응할 수 있다.

그림 1-7 2003년 BPM의 도입 이유(출처: Gartner, 2006년)

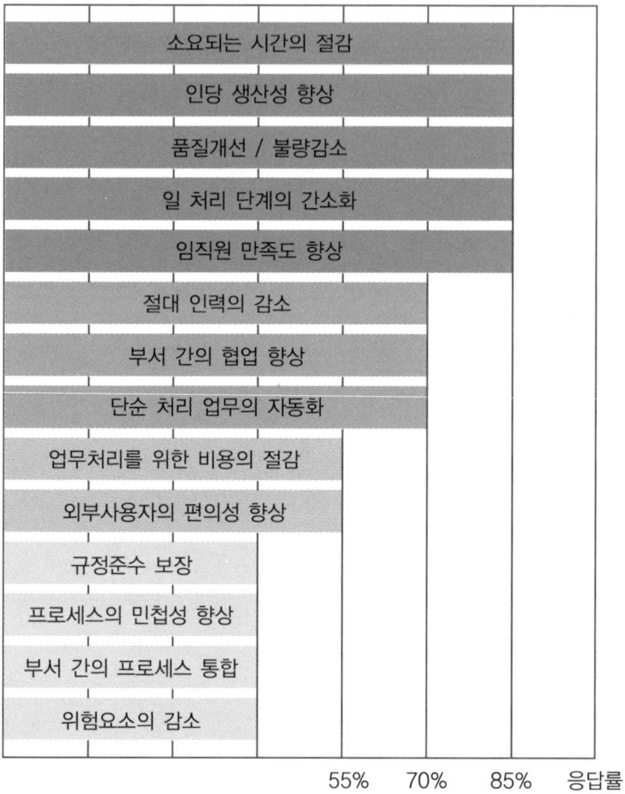

업무가 바뀐다는 것은 그림 1-8에서 프로세스 계층(Layer)이 바뀐다는 것을 의미한다. 그렇기 때문에 BPM에 의해 관리되는 프로세스는 신속하고 유연하게 변경 가능하다. 이를 통해 비즈니스 민첩성 확보가 가능한 것이다.

그림 1-8 프로세스 계층이 추가된 업무 시스템

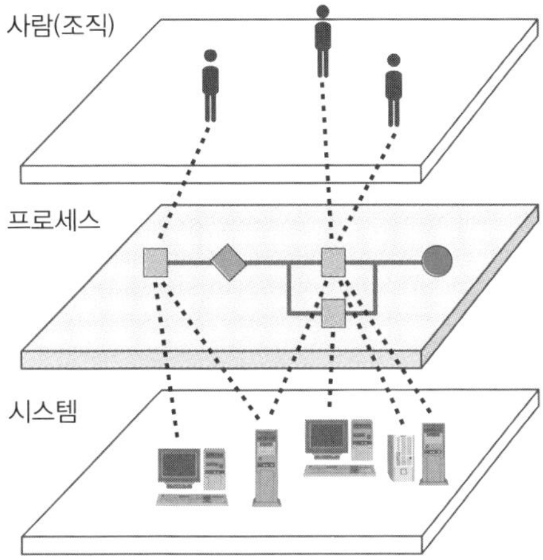

혁신 단계

BPM이 기업에 정착되어 고도화되는 기간에 접어들면, 혁신의 단계에 접어들게 된다. 혁신 단계란 새로운 비즈니스 방식을 창조할 수 있는 수준을 의미한다. 일회성 혁신이 아니라 혁신적인 제품과 혁신적인 비즈니스 모델을 지속적으로 만들어 낼 수 있는 기업의 모습이다.

이러한 혁신 단계는 지속적인 프로세스 개선에 의해 축적된 데이터와 베스트 프랙티스, 조직의 경험과 노하우가 집약된 결과이다. 즉, BPR 또는 PI처럼 주어진 혁신의 답안지를 답습하고 일회성 혁신으로 그치는 것이 아니라, 수백 번, 수천 번의 반복적인 프로세스 개선을 통해 쌓이는 경험과 노하우(Know-how)에 근거한다. 그 대표적인 사례는 도요타(Toyota)의 린(Lean) 방식이다.

도요타 방식은 흔히들 "재고를 없애고 낭비를 제거하는 것"으로 오해하는 경향이 있는데, 도요타 방식의 핵심은 "끊임없이 문제를 해결하고 개선하는 것"이다. 수많은 기업들이 도요타 방식을 모방하고 도입함에도 불구하고 대부분 실패하는 이유는 그러한 핵심가치를 제대로 파악하지 못하기 때문이다. 특히 "끊임없는 개선의 실천"에 대한 체계적 접근법이 없는 탓이다.

반면에 BPM은 기본적으로 "끊임없는 개선의 실천"을 핵심 개념으로 제시하고 그에 대한 구체적 실천 방안을 제시하고 있다. 실천 방안에 대한 구체적인 내용은 제3장에서 상세하게 설명한다.

제 2 장

국내 프로세스 경영의 현재

1장에서 프로세스 경영이 생산성 향상 단계, 품질 향상 단계, 경영 혁신 단계를 거쳐 가치사슬 관리와 IT 시스템 도입단계까지 발전했음을 설명했다. 그렇다면, 국내 기업들은 프로세스 경영을 어떻게 도입하고 있을까?

국내 기업들의 프로세스 경영 도입 현황을 살펴보는 것은 현재 우리 기업들의 경쟁력에 대한 바로미터(barometer)가 될 것이다. 또한 지금까지의 프로세스 경영을 도입, 적용하고 운영함에 있어 발생하는 시행착오와 문제점을 돌아보는 것은 새로이 프로세스 경영을 도입하고자 하는 기업들에게 많은 시사점을 줄 수 있을 것이다.

01 국내 프로세스 경영의 도입 동향

TQM에서 ERP까지

국내 기업들은 1980년대 중반 이후부터 본격적으로 경영혁신 기법을 도입하기 시작했다. 당시에는 주로 TQM에 의한 품질관리부터 시작했다. 이후 1990년 초·중반에 이르러서는 WTO체제 출범에 따른 세계경영, 초우량경영 등이 등장하면서 성장지향 중심의 경영혁신이 시작됐다. 벤치마킹, 고객만족경영 등이 도입된 것도 그 무렵이다.

그러나 1990년대 후반에 외환위기에 의한 IMF관리체제하에 접어들면서 구조조정과 투명경영, 글로벌 스탠더드의 도입 등 경영 패러다임의 변화에 직면하게 된다. 국내 기업들은 BPR, PI와 같은 전면적 혁신과 ERP(전사적 자원관리), 6시그마 도입 등을 통해 외환위기를 극복하고자 했다.

이와 같은 경영혁신은 기업 체질 개선과 경쟁력 강화로 이어졌고, 외환위기 극복의 발판이 되었음은 두말할 필요가 없다. 6시그마와 ERP는 그 이후에도 지금까지 국내 경영혁신의 근간이 되고 있으며 이른바 경영혁신의 공식으로까지 지칭되고 있을 정도다.

물론 과거에 다양한 경영혁신 기법들이 새롭게 선보이기도 하고 사라지기도 했지만, 그동안의 새로운 경영혁신 기법들은 단순히 품질, 비용 등 업무 프로세스의 일부분에 국한된 내용이 대부분이었다. 따라서 단순히 비용을 절감하거나 품질을 향상시키는 활동만으로는 한계가 있다는 지적이 있었다. 반면에 6시그마는 모든 제품과 서비스가 총체적으로 고객을 만족시킬 수 있도록 하는 것을 근본목표로 한다는 점에서 차별화된 혁신으로 인정받았다. 제품 개발과 생산, 고객관리 등 전 영역에 걸쳐 포괄적인 혁신 활동을 추구하는 프로세스 경영이기 때문이다. 따라서 기존의 품질혁신 활동이 제조 공정에만 국한된 것에 비해 6시그마는 개선 대상이 프로세스이기 때문에 전 분야에서의 활동 개선이 가능한 장점이 있다.

6시그마는 1987년 모토로라의 마이클 해리에 의해 제안되었다. 그 이후 GE(제너럴 일렉트릭)가 1995년 6시그마를 도입한 후에 실질적인 성과를 내게 되자 본격적으로 세계의 주요 기업에 6시그마가 확산되기 시작했다. 이후 6시그마는 앞서 언급했듯이 생산 현장 중심의 품질개선 활동으로 시작해 전사 차원의 경영혁신 활동으로 진화했다.

국내의 경우에는 1996년 LG전자 창원공장을 시작으로 LG그룹 전 계열사로 확대 적용했으며, 삼성도 1998년 삼성SDI를 시작으로 삼성그룹 전 계열사로 확대되었다. 이후 포스코그룹, 동부그룹, SK그룹, 현대자동차그룹 등 대기업의 그룹 차원에서 6시그마가 확산되었다(KIPA, 2006년).

1996년 도입 이후 꾸준하게 적용한 결과 2000년부터 그 효과가 나타나기 시작했으며 이 결과에 영향을 받은 많은 기업들이 6시그마의 도입을 가속화하는 선순환이 일어났다. 특히 민간 제조기업뿐만 아니라 철도청, 검찰청, 우정사업본부 등과 같은 공공부문과 개별 금융기관에서도 6시그마 도입이 활발하게 진행되고 있다.

그러나 6시그마가 국내에 도입되는 과정에서 성과만을 강요하는 분위기, 결과 꿰어맞추기식 혁신, 수작업에 의한 과제, 데이터 수집 등으로 이른바 무늬만 6시그마인 성과 없는 혁신이 추진된다는 문제점이 종종 지적되기도 한다.

ERP 역시 6시그마와 비슷한 시기에 도입되었다. ERP는 특히 많은 국내 기업들 사이에서 가장 보편화된 경영혁신 기법 중 하나로 꼽히고 있다. 1995년 무렵 도입이 시작되었고 2000년을 전후해서는 대기업을 중심으로 ERP 도입 붐이 크게 일어났다. ERP는 현재 국내 소프트웨어 애플리케이션 시장에서 가장 큰 비중을 차지하고 있기도 하다. 2007년 기준으로 1,000명 이상의 국내 대기업의 경우 78.6%가 ERP를 도입한 것으로 나타났다(KRG, 2007년).

표 2-1 기업규모별 ERP 도입률 (단위: %)

	전체	10~49명	50~249명	250~999명	1,000명 이상
ERP 도입률	24.8	18.3	49.9	64.1	78.6

출처: 한국전자거래진흥원, '국내 기업의 e-비즈니스 활용 현황', 2007.

ERP는 BPR 또는 PI를 실시하고 이를 지원하기 위한 제반 시스템으로써 도입되었다. 즉, ERP의 도입은 기업이 가지고 있는 판매, 생산, 구매, 물류, 인사, 회계 등 별도의 시스템으로 운영되었던 것을 하나의 통합적인 시스템과 선진 비즈니스 프로세스(Best Practice Business Process)로 구축해 경영자원을 효율적으로 운영하는 것을 의미하였다.

실제로 국내 기업들은 ERP를 도입함으로써 품질, 원가, 납기, 서비스 등을 세계적 수준으로 높일 수 있었다. 또한 제품의 차별화를 위한 프로세스 혁신과 이를 지원하는 세계화된 ERP 시스템 덕분에 연간 수백억 원의 원가를 줄이고, 업무 효율화와 투명성 제고가 가능해졌다. 이처럼 신속한 행동, 저렴한 가격, 우수한 품질로 고객만족을 창출하기 위해 가장 많은 기업들의 프로세스 혁신 도구로 도입한 것이 ERP다.

이렇게 최근 국내 프로세스 경영은 대표적으로 6시그마와 ERP로 요약되는 경영혁신의 역사로 정리할 수 있다. 즉, 국내 경영혁신의 역사가 곧 프로세스 경영의 역사인 셈이다.

1990년대 미국에서 유행한 BPR의 실패 후 국내에서는 프로세스 혁신(Process Innovation, PI)이라는 개념이 전사적 자원관리(ERP) 기술과 맞물리면서 'PI 후 ERP 구축'이라는 프로젝트 추진절차가 업계의 일반 공식화되었다. 이는 현재의 프로세스를 분석한 후 목표모델을 만들고, 이를 ERP로 구현하는 방법이다. 실제로 LG전자, 삼성전자, 포스코 등 국내 글로벌 기업들은 90년대 중반부터 2000년대 초반까지

ERP 프로젝트를 통해 회사의 주요 비즈니스 프로세스를 개선한 후 다시 6시그마 같은 방법론을 통해 혁신활동을 이어가고 있다.

02 ERP로 경영혁신의 진화

ERP 도입 10년, 혁신의 현주소

국내에 ERP가 처음 도입된 지 10여 년이 지난 현재, ERP는 프로세스 혁신의 실천 수단으로 받아들여지고 있다. 업무혁신과 경쟁력 강화를 위해 PI를 수행하고, 이를 ERP로 구축함으로써 혁신된 프로세스를 구현한 시스템을 갖추게 되는 것이다. 이로써 ERP는 단순한 업무처리 시스템을 넘어서 경영혁신을 꿈꾸는 동인(Driver)으로써 주목을 받고 있다.

그렇듯 기업들이 ERP를 도입해서 얻고자 하는 주요 기대효과를 정리해보면 다음과 같다.

업무 생산성 향상과 신속한 의사결정 제공

ERP는 그 자체를 구축함으로써 프로세스를 통합, 표준화하고 판매, 생산, 구매 등의 가치사슬이 통합적으로 실현될 수 있는 체계를 갖추어 업무 생산성을 향상시킨다. 또한 프로세스 통합의 과정에서 중복업무를 제거하고 낭비를 줄여 업무효율을 더욱 향상시킨다. 물류정보와 재무정보를 일대일로 통합시켜서 이른바 물(物)과 재(財)와 정보(情報)의 일치를 실현해 신속, 정확한 의사결정을 할 수 있도록 한다.

효율적 자원 관리

그동안 대부분의 기업들은 데이터가 통합되지 않아 문제점이 많았다. 같은 상품에 대한 재고통계도 영업부 집계와 생산부 집계가 다르고, 생산이나 재고에 대한 계획 수립과 관리가 어려운 경우도 많았다. 그러나 ERP에 의한 업무의 표준화와 통합, 계획관리 기능은 정보의 일관성, 경영환경의 변화에 대한 유연한 대응 능력을 강화시켜 기업의 자원을 효율적으로 배치 관리할 수 있도록 한다.

글로벌 스탠더드의 확립

선진 기업형 비즈니스 프로세스를 이식해 자연스럽게 경영혁신을 추진할 수 있다. 국가 간, 기업 간 경계가 없어지고 세계적인 네트워크에 의한 거래를 피할 수 없는 상황에서, 세계적인 선진 프로세스의 적용과 시스템의 구축은 필수과제이다.

고객만족의 실현

프로세스 혁신에 의한 신속한 일처리, 오류 감소, 유연한 대응은 가치사슬의 최종 단계인 고객에게 전달되는 가치의 질을 향상시킨다. 또한 이것은 궁극적으로 고객만족을 실현하는 바탕이 된다.

ERP 한계의 극복, BPM

앞서 설명한 바와 같이 ERP는 단순한 IT 시스템이 아니라 프로세스 혁신을 완성하는 전략적 경영혁신 도구로써 기대를 한 몸에 받아왔다. 그렇다면 ERP는 이런 기대치에 충실하게 부흥했을까? 아쉽게도 대답은 부정에 가깝다. 아직 ERP가 경영혁신 도구로써 100% 제 역할을 하고 있다고 보기는 어렵기 때문이다.

그림 2-1 ERP 성숙도 모델(예시)

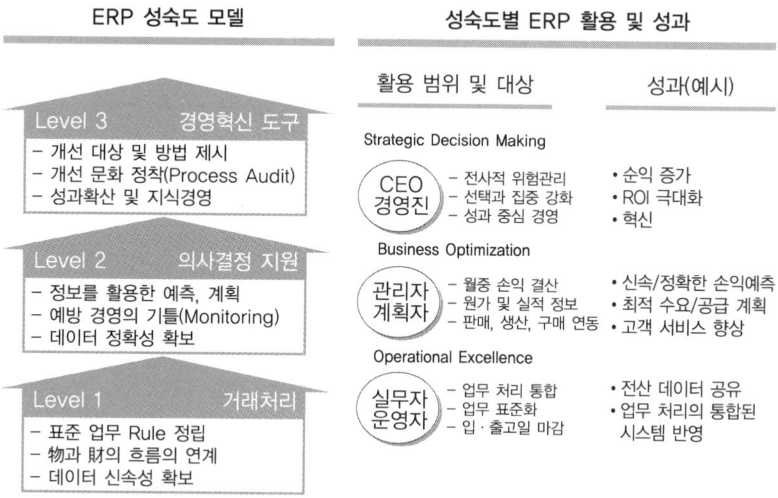

실제로 이와 같은 ERP 성숙도 모델을 활용해 국내 기업의 ERP 활용도를 조사한 결과 80%가 단순 거래 처리의 도구로써 ERP를 활용하

고 있으며, 초기에 목표한 성과를 달성하지 못하고 있다(LG CNS 조사 자료, 2003년).

그림 2-2 ERP 활용수준 진단 결과(출처: LG CNS, 2003년)

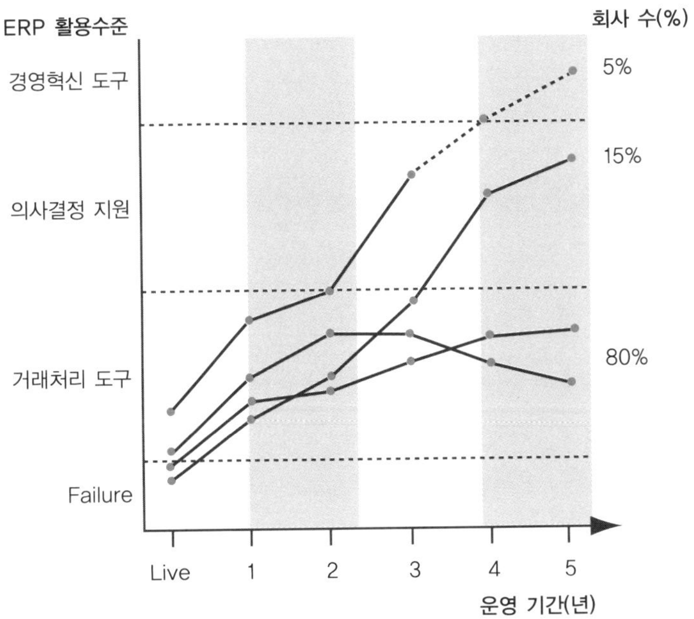

위의 그래프에서 확인할 수 있듯이 ERP 활용수준을 진단한 결과 단 5% 정도의 기업만이 ERP를 경영혁신 도구로 사용하고 있는 상황이다. 결국, 대부분의 기업들이 혁신을 위해 많은 돈을 들여서 구축한 ERP를 과거의 시스템과 별반 차이 없이 단순 업무처리 용도로만 사용한다는 얘기다. 이에 최근 ERP 시장에는 ERP진단 및 고도화 프로젝트가 등장하고 있으며, 진단을 위한 별도의 프레임워크와 방법론이 제시되고 있다.

이처럼 ERP 도입이 78%에 육박하는 현 시점에서 ERP가 본래의 취지를 못 살리고 있다는 점은 심각하게 고민해야 할 문제이다. 과연 ERP가 경영혁신 도구로써 활용되지 못하는 원인은 무엇일까? 그간의 ERP 사례들을 종합해 봤을 때 그 원인은 대략 다음과 같은 몇 가지로 추려낼 수 있다.

첫째, ERP의 전략적 활용이 부족하다. 즉, ERP가 전략 의사결정에 직접적으로 활용되지 못하고 있다는 얘기다. CEO를 비롯한 경영진은 "ERP에서 볼 게 없으며, ERP 구축 이후에도 뭔가 나아졌다는 생각이 들지 않는다"고 말할 정도로 ERP가 경영의 핵심에서 벗어나 구축되는 경우가 많다. 이런 근본 원인은 경영진의 정보화 프로젝트에 대한 적극적인 참여가 결여되어 있다는 점에 기인한다.

따라서 ERP를 전략적으로 활용하려면 경영진이 ERP 구축 시점에서 직접적으로 참여해 PI 과제에 대한 To-Be 모델의 전략적 의미를 부여하고 이를 하향식으로 PI 추진팀과 모든 조직구성원에게 전달해야 한다. 그러나 현실에서는 경영진들은 직접적으로 관여하지 않고 PI 결과를 보고 받는 수준에서 지원하고, ERP를 통해 제공받고 싶은 정보나 KPI를 명확하게 제시하지 않는 경우가 일반적이다. 따라서 경영진이 볼만한 정보 제공이 애시당초 누락되고, 전략적 활용은 더더욱 요원해지기 마련이다.

둘째, 지속적인 PI 추진 역량의 부족이다. 일반적으로 ERP의 구축 완료 이후에 안정화 단계를 거치면서 지속적으로 PI를 추진하기 위해서는 혁신 TFT(Task Force Team) 조직을 구성한다. 그러나 TFT의 조직 간 조율 부족과 현업의 과제 참여 결여로 혁신이 단지 TFT의 숙제로 전락하는 것이 일반적인 현상이다. 이런 한계점은 혁신의 범위와 강도를 약화시키고 구체성을 결여시킴으로써, TFT와 현업 간의 갈등까지 조장할 수 있다. 이를테면, 현업은 TFT가 제시한 혁신과제의 비현실성을 지적하고 TFT는 현업의 혁신과제 실천이 부족함을 탓한다.

그러므로 혁신을 위한 조직의 구성은 TFT 조직을 근간으로 사업부, 현업이 PI를 체계적으로 수행할 수 있도록 구성해 운영해야 한다. 이때에는 경영층이 TFT 조직의 최고책임자로 반드시 참여해 혁신의 리더십을 발휘하는 것이 절대적으로 필요하다.

셋째, PI 결과를 신속하게 반영하기 쉽지 않다는 점이다. ERP 시스템은 확실히 프로세스 중심적인 시스템이지만, 시스템적 변경을 위한 지원도 사전에 준비되어 있다. 하지만 여전히 ERP 구축 이후에 변경된 프로세스를 다시 ERP 시스템에 반영하기 위해서는 많은 시간과 비용이 소모된다. 따라서 구축 완료된 ERP 시스템을 수정하기란 쉽지 않다.

특히, 프로세스 혁신 과제의 결과를 해석하고 이를 ERP 시스템에 반영하기 위해서는 업무 전문가부터 시스템 전문가, 개발자까지 유기적인 협력과 의사소통이 필요하다. 그러나 현실적으로는 많은 부분이 단절되어 있다. 때문에 ERP는 업무와 IT 시스템 간의 단절을 극복할 만한 적절한 솔루션과 해결책을 제공하고 있지 못하는 것이 한계점으로 지적된다. 따라서 시장과 규제의 변화, 경제, 정치, 사회적 변화 등을 포괄하는 비즈니스 환경의 급격한 변화에 ERP가 적극적으로 대응하기에는 시스템상의 한계점이 존재한다.

넷째, ERP는 전사 프로세스를 모두 관여하지는 않는다는 점이다. 즉, 전사 비즈니스 프로세스 중 ERP를 통해서 처리되는 프로세스의 비중이 약 50% 미만이다(Gartner, 2003년). 그렇기 때문에 ERP 외의 업무 영역을 지원하는 업무 시스템들이 존재하게 되어 기업 가치사슬의 횡단 간 프로세스 관점에서 업무 진행이 어렵게 된다. 때문에 ERP는 각 업무 영역 안에서의 프로세스를 관리할 뿐 전사 가치사슬상의 조직을 아울러 동작하는 조직간 횡단 프로세스(Cross-Organizational Process)에 대한 관리 방안이 없다는 것이 한계점으로 지적된다.

특히 기업이 착각하기 쉬운 점이 부분 최적화에 대한 허점이다. 제약이론(Theory of Constraints, TOC)에 따르면 회사의 생산성(Performance)은 각 공정의 생산성 합계가 아니라 완제품의 생산성으로 측정해야 한다. 그만큼 기업의 가치사슬상의 관리와 최적화가 중요하다. 따라서 횡단 간 프로세스 관리의 부족은 기업의 전체 최적화의 장애물이 된다. 특히 가치사슬상의 기업 전략을 반영하고 그 결과를 측정하기가 어렵다.

요약하자면, ERP는 전략적 활용도 부족과 자체적 한계로 인해 경영혁신의 도구로써 100% 역할을 다하지 못하고 있다. 그러나 주의해야 할 점은 이러한 ERP가 가진 한계점이 곧 ERP가 쓸모없음을 의미하지는 않는다는 것이다. 여전히 경영 지원을 위한 다양한 정보 시스템 중에서 근간을 이루는 솔루션으로 인정받고 있으며, 타 시스템이 효과적으로 구축되기 위한 필수적인 요소로 받아들여지고 있다.

그림 2-3 국내 ERP 시장 규모(출처: KRG, 2009년)

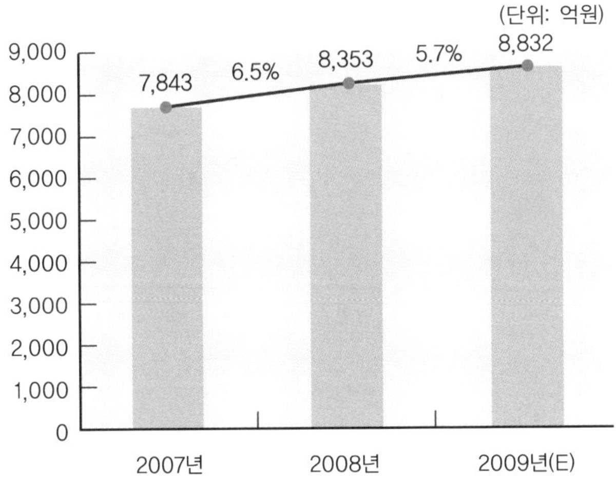

* HW, SW, 서비스 포함.

최근의 KRG 조사에 따르면 2008년 국내 ERP 시장이 2007년 대비 6.5% 성장, 2009년 5.7% 성장을 예상할 정도로 ERP는 이미 그 가치가 확고하게 시장에서 인정받았다고 할 수 있다.

현재 국내 기업들의 경영혁신의 일반적인 흐름은 ERP를 통해 회사의 비즈니스 프로세스와 IT 인프라를 개선하고, 6시그마 등을 통해 혁신활동을 이어가는 것이다. 하지만, 앞서 지적한 이유들로 인해 회사의 전체 프로세스를 최적화하는 데는 한계가 드러나고 있는 실정이다. 프로세스 경영을 회사 전반에 뿌리내리지는 못한 것이다.

이처럼 ERP가 가진 한계점이 있다고 해도, 이미 막대한 예산을 들여 ERP를 구축한 기업에서 ERP를 부정하기란 어려운 일이다. 따라서 프로세스 경영에 입각해 ERP의 한계점을 극복하기 위한 'ERP 도입 이후(Post-ERP)'를 고민하는 기업들이 늘어났다. 때마침, 이와 같은 한계점을 극복하기 위한 새로운 패러다임의 프로세스 경영이 주목받기 시작했는데, 그 대표적인 것이 바로 BPM이다. 차세대 프로세스 경영이 서서히 국내 기업의 경영현장 속으로 들어오기 시작한 것이다.

03 ERP 그 이후, BPM의 등장

BPM을 향한 기대

BPM은 ERP가 가지고 있는 유연한 프로세스 변경과 전사적 프로세스 지원이라는 두 가지 한계점을 해결할 수 있을 것으로 기대된다.

앞서 1장에서 "비즈니스 프로세스의 지속적인 개선(Continuous Process Improvement, CPI)"이 BPM의 핵심 개념임을 이미 소개한 바 있다. 이것은 ERP가 가지고 있는 프로세스 경직성을 BPM이 완벽하게 보완해 줄 수 있음을 의미한다. 그리고 BPM은 가치사슬상의 기업의 전략을 실행하고 부가가치 창출에 이바지하는 조직 간 프로세스를 대상으로 한다고 언급한 바 있다. 이러한 전사적 프로세스의 지원은 ERP가 관여하지 못하는 프로세스 영역을 통합하고 지원함으로써 보완해 준다.

사례를 통해 본 BPM의 효과

실제로 ERP 구축 이후 BPM을 도입한 A사의 사례는 이러한 점을 명확하게 시사한다.

A사는 ERP의 성공적 구축 후에도 상존하는 시스템과 업무 간의 단절과 상시 PI 활동에 의한 혁신이 현장업무에 반영되지 않는 문제점을 해결하고자 BPM을 도입했다.

도입 당시 A사는 여전히 업무처리가 자동화되지 못하여 수작업처리가 상당 부분 존재했는데, 특히 부서 간 업무처리 연계 시 낭비시간(Idle Time)이 많아 문제가 컸다. 또 업무 연계 여부를 확인하기 위해 이뤄지는 커뮤니케이션에서 비용이 낭비되는 문제점도 지적되고 있었다. 즉, 단위 부서 내 업무는 ERP에 의해 프로세스 자동화가 되었으나 부서 간 업무처리를 위한 조직 간 프로세스는 통합, 자동화되지 못했고 이에 따른 의사소통 낭비가 초래된 것이다.

무엇보다 프로세스 경영은 비즈니스 프로세스에 대한 조직, 시스템 간에 일관성과 연계성의 정보와 통찰력을 전사 임직원에게 전달할 수 있어야 하지만 그렇지 못했다. A사의 경우, 단지 소수 직원만이 자신의 업무와 연관된 전체 프로세스를 이해하고 있을 뿐이었다.

이것은 시스템적으로 프로세스 맵, 표준문서, 매뉴얼 등이 분산되어 존재하고 서로 단절되어 있으며, 일치하지 않아서 생기는 문제였다. A사는 대개의 경우 프로세스 관련 지식이 작업자의 경험에 의존하는 상태였다. 특히 PI 활동을 시스템에 반영하는 것이 큰 이슈였다.

예를 들어 부품 100개를 입고하고 대금을 결제하는 업무의 경우, ERP에 의한 업무처리는 실무자가 ERP 시스템에 입고정보를 입력하고, 재무부서는 ERP 시스템에서 입고를 확인한 후에 대금을 처리하는 단순한 절차다. 그러나 실제 업무 절차는 훨씬 더 복잡했다. 우선 실무자가 입고정보를 입력하는 것 외에 보고를 위한 문서 작성과 결재 과정이 추가되었다. 결재를 요청하면, ERP 시스템상에는 존재하지 않는 담당부서장이 입고보고를 검토, 결재한 후 재무부서로 결재 요청서를 송부한다. 이후 재무부서에서 요청서를 검토하는 절차를 거쳐 입고를 확인 후 대금을 처리하도록 했다. 이렇게 A사에서는 ERP 시스템상의 프로세스와 실질적 비즈니스 프로세스 사이에 큰 차이점이 있었다. 전술한 바와 같이 ERP는 단지 50% 정도의 프로세스만 제공할 뿐이다.

ERP 시스템과 실질적 업무 간의 단절은 결국 비즈니스 프로세스의 경직성을 야기한다. 이는 개선 프로세스의 영역을 누락시킬 뿐 아니라 설사 개선 프로세스를 찾더라도 적용 자체를 불가능하게 만든다.

이러한 상황이다 보니 열심히 PI 활동을 해 얻은 개선 결과가 ERP 시스템에 반영되지 못한 채 시스템과 업무 간 단절이 발생하고, 여전히 수작업이 존재하게 된다. 결국 PI 활동이 비연속적이고 일회적인 개선 활동으로 그치게 되면서, A사가 ERP 도입 시 기대했던 상시 업무혁신 체계는 점점 더 요원한 목표가 되어 버렸다.

이에 A사의 경영층은 이러한 문제점을 극복하고자 BPM을 도입했다. A사는 BPMS(BPM System)를 통해 PI에 의한 개선 결과들이 바로 시스템에 반영되도록 했다. 그리고 PI에 의한 개선 효과를 추적, 검증할 수 있도록 했으며, 또한 여러 부서에 걸친 업무 처리 시 부서 간의 합의 누락을 방지하기 위해 BPMS에서 모든 프로세스를 유기적으로 통합, 자동화했다. 이로써 수작업을 제거함과 동시에 신속한 업무처리가 가능하도록 했다.

그러자 앞서 예시로 들었던 부품 입고처리 업무는 BPM 도입 후 하나의 프로세스로 통합 자동화 되었다. 즉, 실무자가 BPMS내 화면에 입고정보를 입력하면, 재무부서 및 담당부서장에게 자동 전달되고 담당부서장은 BPMS에서 입고사항을 확인 후 결재하고 다시 재무부서에 결재결과가 자동 전달되어 최종 대금을 처리하게 된다. 즉, 실제 비즈니스 프로세스와 BPM 시스템에 의한 업무처리가 일치하게 되면서 수작업 제거와 신속한 업무처리, 비즈니스 프로세스를 개선할 수 있는 기반을 마련한 것이다. 그 결과, 이제 A사는 업무 혁신 활동이 곧 바로 BPM 시스템에 반영되는 경영혁신 체계를 갖추게 되었다.

경영혁신의 핵심 화두, BPM

프로세스상의 문제해결은 BPM이 제공하는 프로세스 표준화, 프로세스 실행과 제어, 프로세스 성과 모니터링과 지속적 프로세스 개선 체계에 의해서 가능하다. 또한 BPM에 의한 프로세스 표준화는 프로세스를 전사 관점에서 재정의, 공유하고 개선시킬 수 있도록 표준화, 구조화한다. 이는 프로세스 관리를 위한 일관된 정책, 절차, 역할과 도구를 제공해 직원들이 프로세스 중심적 사고와 지식을 갖출 수 있도록 인프라를 공급한다.

BPM에 의한 프로세스 실행과 제어는 즉각적인 프로세스 변경과 실행을 가능하게 하며, 지속적인 개선을 위한 실시간 모니터링과 분석 도구를 제공한다. 이는 PI에 의한 개선 결과를 실시간으로 시스템에 반영해, 강제적으로 프로세스 혁신을 실행시킬 수 있음을 의미한다. 또한 프로세스 통합에 의한 조직 간 프로세스의 실행을 시스템 차원에서 지원함으로써 수작업 업무와 부서 간의 업무 누락을 제거할 수 있다. 특히 프로세스 성과 모니터링은 프로세스 혁신의 성과를 정량적 데이터로 측정함으로써 지능적 대응체계를 구축하도록 한다. 이것은 지속적 프로세스 혁신의 피드백으로써 작용하게 된다. 즉, BPM은 프로세스의 지속적인 개선을 위한 프로세스 수준의 진단과 운영체계를 구축하게 한다.

이처럼 BPM은 다음 그림과 같이 ERP를 포함한 여러 독립된 업무 시스템들을 프로세스 중심으로 통합하고 실행해 사용자들에게 단일한

그림 2-4 BPM에 의한 프로세스 중심의 업무 시스템 통합

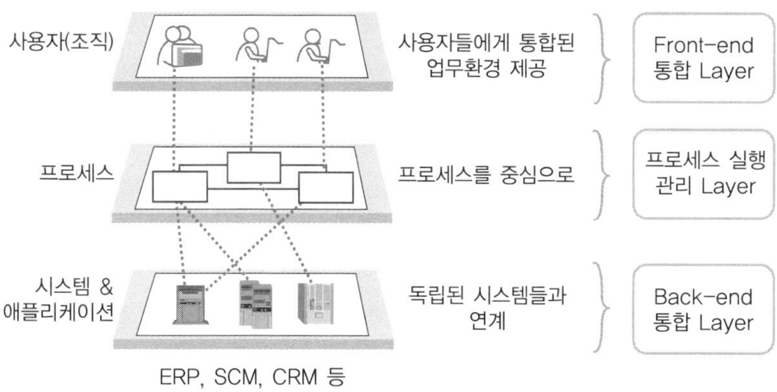

업무 환경을 제공한다.

즉, BPM은 ERP를 확장해 전사적인 프로세스를 통합하고 자동화해, 지속적 프로세스 개선이 가능하도록 한다. 무엇보다 BPM은 ERP의 한계를 극복하고, 프로세스 경영의 새로운 패러다임과 경영혁신의 첨단 주자로써 주목받고 있다. 때문에 국내에 개념이 소개된 지 불과 2~3년 만에 대부분의 전문가들이 그 중요성을 인정할 만큼 핵심 화두로 확고하게 자리매김하고 있다.

04 국내 BPM 도입 현황

2002년, BPM의 본격화

BPM은 2002년 LG전자의 도입을 기점으로 국내에 소개되기 시작했다. 이후 국내에서 BPM은 불과 2~3년 만에 IT 시장의 핫이슈를 이루며, 시장에서 확고한 입지를 확보해 가고 있다.

일반적으로 새로운 화두가 등장하면 업계에 파급되는 데 5~6년의 시간이 걸리게 마련이다. 또 대부분의 기술이나 화두는 2~3년 후 업계의 관심에서 멀어지거나 틈새시장에서 겨우 명맥을 유지하는 게 일반적이다. 그에 비해 BPM은 초기부터 가히 폭발적인 관심의 대상이었다.

그러나 BPM이 확산되기 시작하던 초기에는 BPM이 ERP로 대표되던 비즈니스 프로세스 리엔지니어링의 한 요소가 아닌가 하는 의구심이 높았다. 때문에 그 실체를 둘러싸고 ERP 업계와 BPM 업계 간에 논란이 일기도 했다. 또한 당시 BPM 솔루션 개발 업계는 EAI(Enterprise Application Integration) 기반의 BPM과 워크플로우(Workflow) 기반의 BPM으로 양분되어 있어 BPM에 대한 정확한 이해가 어려웠다.

논란 속에서 꽃피운 BPM붐

BPM을 둘러싼 논란에도 불구하고 기업들은 빠르게 BPM 도입을 결정했다. ERP 구축 이후 활용을 고민하던 중에 BPM이 제시하는 비전이 기업들의 관심을 크게 끌었기 때문이다(KIPA, 2006년).

무엇보다 BPM이 빠르게 확산된 것은 국내 기업들이 프로세스 개선에 관심을 보이기 시작했던 시기와 BPM이 등장한 시점이 일치한 덕분이었다. 즉, 기업들은 PI의 연장선상에서 BPM을 도입했다. 그동안 프로세스 혁신과 ERP로 대표되던 업무 개선 작업에서 한 걸음 더 나아가 보다 가시적이고 체계적인 관리가 필요했고, 그 과정에서 전사 업무 프로세스를 파악할 수 있는 BPM이 부각되고 있는 것이다.

일부 대기업을 제외하고 대부분의 기업들은 2000년에 들어서면서 ERP 도입에 착수했다. 이후 2년 정도의 구축과정을 거치고 대부분 2003~2004년 무렵에 도입이 완료됐다. 하지만 ERP 도입 이후 많은 기업들은 그 활용과 지속적인 관리를 놓고 많은 어려움을 겪어야 했다. 내부 문화와의 충돌이 발생했고, 도입 완료 이후에도 상황 변화에 따른 변화관리가 뒤따라야 했기 때문이다. 하지만 국내 기업들은 이러한 부분에서 취약점이 있었다.

최근 BPM을 도입하는 제조업의 경우, 대부분 ERP 이후의 모습을 고민하다 해결책으로 BPM을 선택하고 있다. LG전자 역시 '포스트 ERP'의 모습을 고민하다가 프로세스 관리를 BPM으로 하는 것으로 결정을 내린 경우다(KIPA, 2006년).

이처럼 국내에서 BPM이 저변을 크게 넓혀온 과정을 살펴보면 국내의 대표적인 대기업과 공공기관에서 먼저 도입이 시작돼 경쟁사와 협력사, 연관 기관으로 확산되어 가는 모습을 보인다. 국내 시장 규모에 비해 BPM이 빠르게 확산된 것은 대표적인 기업의 사례가 조기에 출현했고, 이를 벤치마킹하는 '선순환 구조'가 형성됐기 때문이다.

민간 기업에서는 LG전자의 전사 BPM 도입 결정이 확산에 크게 기여했고, 공공 부분에서는 2003년 KOTRA의 BPM 도입이 붐을 일으켰다고 평가할 수 있다(KIPA, 2006년).

BPM 도입의 그늘

기업들 사이에서 BPM이 도입되기 시작하던 초기와 달리 2007년부터 BPM 시장은 급격히 둔화되는 조짐을 보였다.

KRG에 따르면, 국내 BPM 시장은 2004년 199억 원, 2005년 269억 원, 2006년 357억 원의 규모를 이루며 연평균 40%의 급격한 성장세를 보였다. 그러나 2007년 이후에는 성장세가 많이 줄어들면서 2009년에 595억 원 정도의 시장 규모만을 형성할 것이란 전망이 나오고 있다.

실제로 2008년 한국소프트웨어 산업협회가 설문조사한 자료에 따르면, 29.5% 정도의 기업만이 BPM을 도입했으며, 나머지 70.5%의

BPM 미도입 기업들 중 절반이 넘는 51.2%의 기업이 BPM 도입계획이 없다고 응답했다. 초기의 폭발적인 성장세와 ERP를 도입률이 78%임을 감안하면 BPM의 미래는 어둡다고 할 수 있다.

그림 2-5 국내 BPM 시장 전망 및 성장률(출처: KRG, 2008년)

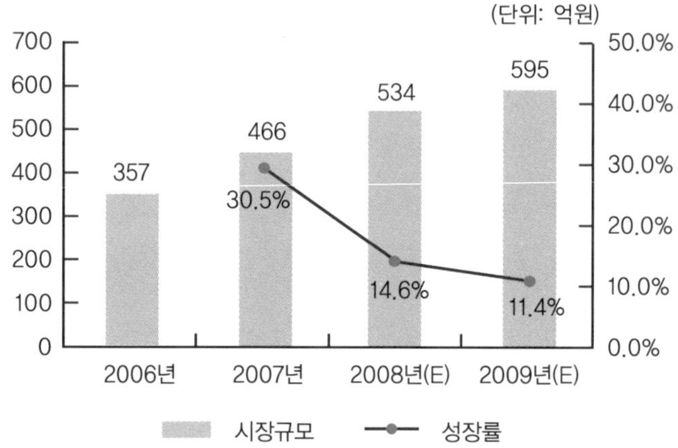

그림 2-6 BPM 도입 계획(출처: 한국소프트웨어산업협회, 2008년)

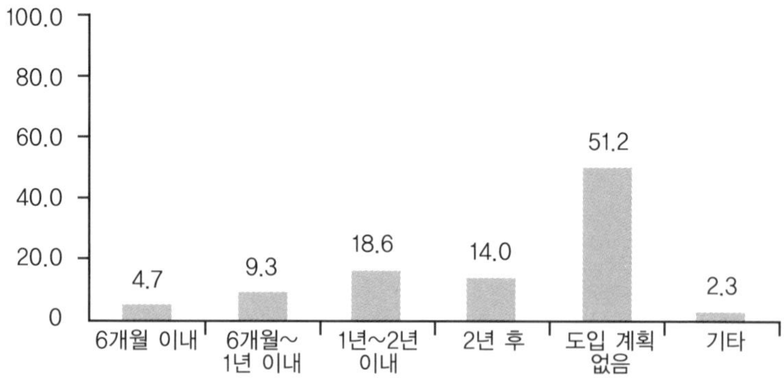

특히, BPM을 도입하지 않는 이유로 본사의 업무환경에 부적합(24.1%), BPM의 지원기능에 대한 확신부족(22.2%), 도입할 정도로 기업규모가 크지 않음(22.2%)으로 응답했다. 이는 기업이 BPM 도입의 실패를 우려하는 것으로 분석되며, 실제로 BPM 성공사례가 드문 것도 이런 응답을 유도한 것으로 보인다.

사실 그동안 국내 BPM 시장은 비즈니스 관점이 아니라 기술 위주, 솔루션 패키지 위주로 접근해왔다. 때문에 ERP의 여타 애플리케이션 시스템에 비해 BPM의 특성을 제대로 반영하지 못했고, 관심만큼 시장이 성장하지 못했다. 따라서 그 효과도 상대적으로 미비했다(KIPA, 2007년).

즉, 기업들은 BPM을 PI 연장선상에서 도입하고자 시도했으나 이를 지원하는 BPM 벤더들은 이를 만족시키지 못했다. 이들은 BPM을 '워크플로우 기술과 EAI(Enterprise Application Integration) 기술의 혼합을 통한 프로세스 자동화'라는 지엽적이고 IT적 강점만을 부각함으로써, 정작 지속적 프로세스 개선이라는 핵심가치를 고객들에게 전달하지 못했다. 이는 기업의 기대치와 멀어지게 했고 결국 성공사례의 부족으로 이어졌다.

BPM의 반전

최근 기업들은 그간의 시행착오를 발판삼아 자사의 실정에 꼭 맞는 부문을 선택해 도입하는 추세로 변환하고 있다. 프로세스 관리에 필요한 요구사항을 보다 면밀하게 파악하고 적절한 BPM 적용방안을 찾기에 매진하고 있다.

BPM은 민첩성과 운용 효율을 증대하기 위해 비즈니스 프로세스 환경을 통제하는 일상적인 경영활동이며, 방법론, 정책, 측정지표, 일상적인 경영활동과 소프트웨어 도구를 활용해 조직의 업무와 프로세스를 끊임없이 최적화하는 구조적인 접근 방법' 이라고 정의하고 있으며, 대다수의 벤더들이 이에 동의하고 있다.

즉, 최근 재정의한 BPM은 IT 중심의 시각에서 벗어나 프로세스의 혁신과 끊임없는 개선을 위한 경영방법론적인 측면이 제대로 반영되고 있다. 이는 국내의 주요 기업들이 BPM을 도입하고 활용하려는 의도와 일맥상통한다(KIPA, 2007년).

BPM에 대한 올바른 시각이 시장에 뿌리 내리기 시작했다 하더라도 아직은 많은 과제들이 남아있다. 특히 현재 프로세스 자동화 수준에 머물러 있는 BPM의 구현을 어떻게 프로세스 혁신의 단계까지 끌어올릴 수 있을까 하는 점이다. 즉, BPM에 의한 프로세스 경영의 구체적 실천 방안에 대한 가이드가 필요하다. 이에 다음 장부터는 구체적 실천 방안을 알아보도록 한다.

제 3 장

프로세스 경영의 실천 방안

앞서 프로세스 경영의 정의와 역사 그리고 국내 사례를 중심으로 여러 가지 형태의 프로세스 경영 도입 실태를 알아보았다. 이를 통해 프로세스 경영의 실체와 경영 현장에서 어떤 시행착오가 있었는지 이해가 되었으리라 본다.

앞으로 프로세스 경영이라는 용어는 BPM을 기점으로 하는 구세대와 차세대 프로세스 경영을 모두 포괄하는 의미로 사용하겠다.

이번 장에서는 BPM, 즉 프로세스 경영을 현장에 도입해 실천하기 위해서 무엇을 해야 하고, 어떤 성공요소들이 있는지 알아보도록 한다. 또한 프로세스 경영을 처음 도입하고자 할 때 빠지기 쉬운 몇몇 오해를 살펴보는 것과 프로세스 경영의 성공적 도입사례는 프로세스 경영 도입 시 시행착오를 줄이는 데 많은 도움이 될 수 있을 것이다.

01 프로세스 경영 실천을 위한 과제

프로세스 경영의 이해

프로세스 경영을 한다는 것은 무엇을 하는 것일까? 앞서 프로세스 경영의 정의와 의미를 설명했지만, 이것으로는 부족하다. 이에 우선 프로세스 경영의 실천이 어떠한 내용인지 알아본다.

기업이 프로세스 경영을 도입하고 실천하기에는 많은 난관들이 존재한다. 특히 프로세스 경영의 개념을 확실하게 이해하지 않으면, 올바른 프로세스 경영을 도입하기 힘들다. 그렇기 때문에 프로세스 경영을 추진하고자 하는 경영진이나 실무자들은 반드시 프로세스 경영을 이해한 이후에 추진해야 한다.

그러나 이러한 학습은 단기간에 완료될 수 있는 것이 아니기 때문에 프로세스 경영의 도입과 동시에 학습조직을 구축하는 것은 좋은 시도가 될 수 있다. 학습조직은 프로세스 경영의 정보 교육과 훈련을 제공하고 프로세스 경영을 확산시키는 역할을 하게 된다. 비록 학습조직을 주요 실천 과제에 포함하지는 않았지만, 학습조직의 운영은 프로세스 경영에 큰 도움이 될 것이다.

프로세스 경영의 실천

프로세스 경영을 실천한다는 것은 프로세스 경영의 핵심가치들을 현실로 옮기는 것을 의미한다. 따라서 핵심가치들을 구현하는 것이 프로세스 경영의 주요 실천과제가 된다. 주요 실천과제들은 독립적이라기보다 서로 간의 의존성을 가지고 있다. 이러한 주요 실천 과제들을 하나씩 살펴보자

첫째, 프로세스 실행이 비즈니스 전략 실행과 부가가치 창출에 이바지하도록 한다. 프로세스가 비즈니스 전략을 실행하고 부가가치를 창출하기 위해서는 프로세스의 성과가 전략 달성에 이바지해야 함을 의미한다. 즉, 전략의 목표가 프로세스의 목표와 전략적 목표의 부분집합 또는 하위 구조여야 한다. 따라서 프로세스를 설계하고 도출할 때 항상 프로세스는 목적과 동시에 관련 전략이 식별되어 있어야 한다.

또, 단순히 프로세스와 전략의 연계만 중요한 것은 아니다. 프로세스 목표 또는 성과지표의 정량적 측정이 있어야 한다. 측정을 통해 사실에 입각한 문제점을 프로세스에서 찾을 수 있기 때문이다. 이것은 자연스럽게 IT 시스템의 도입을 필요로 한다. 물론 IT 시스템의 도움 없이, 프로세스 실행에 따른 성과를 측정하고 분석할 수 있지만 복잡하고 역동적으로 바뀌는 프로세스를 수동으로 분석하기란 쉽지 않다.

둘째, 비즈니스 프로세스를 기업의 핵심자산으로써 관리한다. 프로세스 경영에서 모든 경영활동의 중심에는 프로세스가 있다. 이것은

상시 현재 기업이 가진 프로세스의 스냅샷(Snapshot)을 관리하고 있다는 의미이다. 즉, 지속적인 반복으로 최적화된 프로세스는 기업의 소중한 자산이다. 이것은 마치 수십 년 동안 한 업무에 정통한 장인의 노하우를 잘 정리한 매뉴얼과도 같은 것이다. 그렇다면, 이 프로세스를 어딘가에 소중히 보관하고 있어야 하지 않을까? 이 소중한 자산을 아끼고 또 그리고 지속적으로 발전시키고, 여러 신입사원들이 보고 배울 수 있도록 해야 한다. 그렇기 때문에 비즈니스 프로세스를 기업의 핵심자산으로써 관리되어야 한다. 이를 위해서는 데이터베이스와 같은 안전한 IT 시스템에 보관하는 것이 효율적일 것이다.

셋째, 점진적이고 반복적인 진화적 프로세스 개선 체계를 구축한다. 점진적이고 반복적인 개선 체계는 다음과 같은 프로세스의 생명주기에 의해서 만들어져야 한다.

그림 3-1 BPM의 프로세스 생명주기

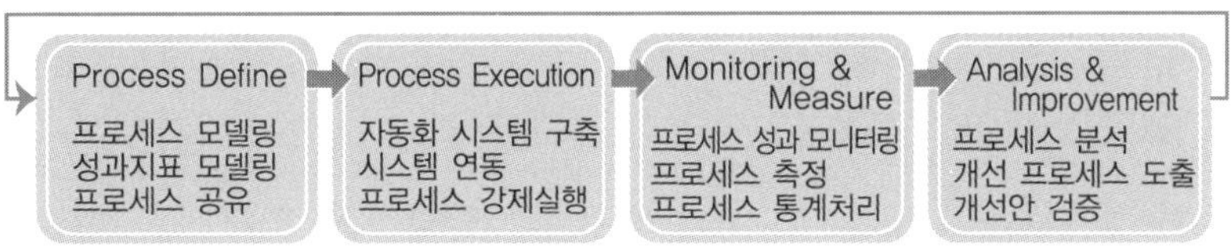

이를 위해서는 네 가지 단계가 필요하다. 첫 단계에서는 먼저 현행(AS-IS) 프로세스를 정의한다. 이때 측정 가능한 프로세스의 목표와 성과지표를 같이 정의한다. 두 번째 단계에서는 프로세스를 실행하고,

앞서 정의된 목표와 성과지표로 프로세스 실행 결과를 측정한다. 세 번째 단계는 프로세스 실행 결과와 성과지표를 분석하고 실행 결과에 근거해 개선점을 찾는다. 네 번째 단계는 개선점 분석을 근거로 향후(TO-BE) 프로세스를 정의한다. 이후에는 두 번째 단계부터 다시 반복한다.

이런 프로세스 개선 과정은 PDCA(Plan-Do-Check-Action)의 사이클을 그대로 활용한 것이다. 프로세스 경영에서 PDCA 사이클의 특징은 폐회로(Closed-Loop) 형태로 무한 반복되며, 정량적 데이터에 근거해 프로세스를 개선시킨다. 또한 폐회로 형태의 프로세스 개선 체계는 IT 시스템에 의해 구현 가능하다. 이러한 체계를 완전하게 지원하는 IT 솔루션을 BPM 스위트(Suites)라고 한다.

넷째, 신속한 프로세스 변경과 적용이 가능한 민첩성을 확보한다. 앞서 설명한 반복, 지속적인 프로세스 개선이 현실적으로 가능하기 위해서는 프로세스 변경이 손쉽고 빨라야 한다. 또한 BPM의 도입 목적 중 하나인 비즈니스 민첩성을 달성하기 위해서도 프로세스 민첩성은 중요하다. 이러한 민첩성의 확보는 프로세스가 다루는 업무영역의 분명한 정의와 프로세스 담당자의 명확한 역할과 책임(R&R) 정의와 관리에 의해서 가능하다. 즉, 프로세스가 독립된 계층으로 자유로운 변경이 가능하도록 상시 관리되어야 함을 의미한다.

다섯째, 현업 실무자 주도의 프로세스 개선 체계를 갖춘다. 기존 경영혁신 활동의 맹점은 종종 현장과 동떨어진 혁신을 추진하는 것에 있다. 그러나 프로세스 경영은 현장 중심의 프로세스 개선을 강조한다. 즉, 실무자 스스로가 자신의 업무 혁신을 주도하는 것이다. 이것은 앞서 설명한 폐회로의 PDCA 사이클을 업무 실무자가 직접 실행하는 것을 의미한다. 스스로 보고, 개선하고 다시 시도하는 과정에서 현장 중심의 프로세스 개선을 기대할 수 있다. 이것이 가능하기 위해서는 개인이 스스로 관리할 수 있는 프로세스 개선 시스템이 필요하고, 개선에 따른 적절한 보상 체계와 조직문화가 필요하다.

이러한 내용은 결국 프로세스 경영이 실천되었을 때의 모습이다. 기업 경영의 전략 실행과 반성이 프로세스로 평가되고 끊임없는 프로세스 개선 체계가 확고하게 정착된 모습을 만드는 것이다. 그렇듯 하루하루 혁신이 끊이지 않는 궁극적 경영 혁신체계에 도달하는 것이 프로세스 경영의 이상일 것이다. 물론, 위의 실천과제들을 완벽하게 달성하는 것은 어렵다. 여기에는 기술적, 문화적 한계가 분명 존재하기 때문이다. 그러나 도요타의 예처럼 상시 혁신 체계가 결코 불가능한 것은 아니다. 불가능한지 가능한지의 여부는 프로세스 경영이라는 좋은 도구를 어떻게 잘 사용하느냐에 달려 있다.

02 프로세스 경영의 핵심 성공요소

6가지 성공요소

프로세스 경영을 성공적으로 실천하기 위해서는 핵심 성공 요소들을 파악할 필요가 있다. 이에 대해 가트너(Gartner)에서는 다음과 같이 프로세스 경영의 6가지 성공요소를 제시하고 있다.

첫째, 프로세스의 결과와 목적이 비즈니스 목표와 일치시키도록 하는 전략적 정렬(Strategic Alignment).

둘째, 프로세스 중심의 태도와 행동을 확립하게 만드는 문화와 리더십(Culture and Leadership).

셋째. 조직의 프로세스 중심의 기술과 지식을 지속적으로 적용하고 증진시키는 개인(People).

넷째, 보상 및 책임, 의사결정 체계를 수립하는 거버넌스(Governance).

다섯째, 일관된 프로세스 산출물과 활동을 지원하는 적절한 방법론(Methods).

여섯째, 프로세스 활동을 가능하게 만들고, 이를 시스템화 할 수 있는 정보기술(IT).

프로세스 경영을 성공적으로 도입하기 위해서는 이러한 여섯 가지 성공요소를 잣대로 현재의 상태를 점검하고, 이를 통한 추진 전략을 수립하는 것이 필요하다. 이러한 핵심 성공요소는 앞서 설명한 프로세스 경영 실천 과제 달성에 주요 키포인트를 제공한다. 이러한 핵심 성공요소들이 구체적으로 어떤 내용인지 하나씩 알아보자.

전략적 정렬(Strategic Alignment)

프로세스 경영에서 기업의 전략을 실행하는 것은 프로세스다. 즉, 기업의 비전 달성을 위한 수단이 전략이라면, 이 전략을 실행하기 위한 활동이 비즈니스 프로세스다. 이를 위해서는 비즈니스 프로세스의 결과와 목적이 비즈니스 전략과 일치해야 하며, 이러한 일치성을 바탕으로 비즈니스 프로세스에 의한 강력한 전략 실행이 가능하다.

그러나 비즈니스 프로세스와 전략을 연계시키는 일은 생각보다 쉽지가 않다. 그 이유는 첫째, 회사의 비즈니스 프로세스가 정리되어 있지 않기 때문이다. '누가 바람을 보았는가?' 라는 말처럼 비즈니스 프로세스는 존재하지만, 프로세스를 명시적으로 관리하는 기업은 극소수에 불과하다. 그렇기 때문에 전략을 프로세스와 연계시키고자 해도 뒤늦게 대상 프로세스를 명시적으로 찾아내고 구체화하기에는 너무 오랜 시간이 걸린다.

또 다른 이유는 프로세스와 전략을 매핑(Mapping)하는 것 자체가 난해하기 때문이다. 예를 들면, "A 제품의 올해 10% 이상 시장 점유율 확보"라는 전략 목표가 있다면 이를 어떤 프로세스에 연계할지 모호하다. 그러나 그럼에도 불구하고 비즈니스 프로세스와 전략의 연계는 반드시 달성해야 할 중요한 성공요소이다.

따라서 전략적 연계가 가능하기 위해서는 명시적 비즈니스 프로세스 관리가 선행되어야 한다. 4장에서 좀더 구체적으로 설명하겠지만, 프로세스 경영의 첫걸음은 비즈니스 프로세스의 명시화 작업부터 시작한다. 즉, 프로세스를 개선하기 위해서는 프로세스가 관리의 대상이 될 수 있도록 구체화하고 가시화하는 작업을 선행해야 한다. 암묵지 상태의 현행(AS-IS) 프로세스를 형식지로 문서화해 누구나 명시적으로 프로세스를 파악하고 이해할 수 있도록 한다. 또한 전략과 프로세스를 매핑하는 방법은 일반적으로 BSC의 전략맵 기법을 이용한다. 자세한 내용은 제4장을 참조한다.

문화와 리더십

도요타에서는 도요타식 프로세스 경영에 대해서는 다음과 같이 설명하고 있다.

"우리, 도요타는 훌륭한 프로세스를 경영하는 평범한 구성원들로부터, 좋은 결과를 얻어 왔다. 반면, 우리의 경쟁자들은 뛰어난 구성원들임에도 잘못된 프로세스로 인해 나쁜 결과를 얻는 것을 종

종 목격한다."(Harvard Business Review, 1999년)

이는 프로세스의 중요성을 함축적으로 잘 표현한 문장이다. 또한 조직 구성원들의 참여가 프로세스 경영에서 얼마나 중요한지도 간접적으로 설명해 주고 있다. 따라서 도요타는 경영혁신에 있어 조직의 문화와 리더십이 중요함을 보여주는 좋은 사례이다.

도요타식 경영을 집약 해놓은 도요타 웨이(Toyota Way)의 중심에는 사람이 있다. 도요타 웨이에서 말하는 자동화라는 것은 기계적 자동화가 아니라 사람에 의한 자동화다. 또 낭비제거와 카이젠(Kaizen)과 같은 개선활동도 기계나 시스템에 의한 것이 아니라 사람에 의한 실천에 있다. 이것이 가능한 것은 도요타의 기업문화 때문이다. 1,2차 세계 대전 사이의 궁핍한 환경에서 창립된 도요타는 '돈을 들이지 않고 지혜를 짜내라'는 기업 문화가 초창기부터 정착되었다. 돈도 설비도 없이 방식을 어떻게 변화해갈지에 대해 지혜를 짜내는 습관이 그대로 기업의 문화로 이어지고, 기업의 경쟁력으로 체화된 것이다.

이러한 문화 속에서 JIT(Just In Time), 린(Lean), 카이젠(Kaizen) 등의 혁신기법이 만들어졌다. 그렇기 때문에 도요타식 혁신의 경쟁력은 기법 자체에 있는 것이 아니라 사람 속 조직문화에 있다.

또한 도요타의 특별함은 특정 솔루션이나 시스템, 혁신기법의 성공이 아니라 혁신 문화와 이를 독려하고 지속적인 전파와 학습이 되도록 하는 리더십에 있다. 마찬가지로 프로세스 경영에서 추구하는 지속적인 개선과 혁신 역시 조직 구성원 개개인의 자세에서 비롯된 기업의 문화와 이를 이끌어 낼 수 있는 리더십에 달려 있다.

개인(People)

프로세스 경영에서 지속적인 개선은 도요타의 카이젠과 비슷하다고 볼 수 있다. 즉, 주기적 또는 일시적 개선이 아니라 매일, 매시간 틈나는 대로 개선한다는 것이다. 또한 프로세스 경영은 프로세스 개선을 일선 현업들에게 맡긴다. 이러한 개선이 가능하기 위해서는 현장의 프로세스를 직접 다루는 현업 직원들의 역량이 필요하다. 특히, 현업 직원들은 자신의 부서 혹은 자신이 담당하는 비즈니스 프로세스만을 파악하고 있으나, 이것은 프로세스 개선에 큰 도움이 되지 않는다. 그보다는 조직 사이를 연계하는 지점에서 많은 취약점이 드러나기 때문에 조직 간 프로세스를 파악하고 이해하고 있는 것이 중요하다. 이를 통해 전사적 프로세스 개선의 기회를 잡을 수 있다.

이는 현업 직원들에게만 해당되는 것이 아니다. CEO를 비롯한 기업 경영진들 역시 가치사슬을 구성하는 상위의 핵심적인 조직 간 비즈니스 프로세스 정도는 파악하고 있어야 한다. 가치사슬상에 경쟁우위를 확보하려면, 기본적으로 회사의 운영 메커니즘을 이해해야 하는 것이다.

그렇다면 기업의 프로세스를 전사 임직원이 이해하고 학습하려면 어떻게 해야 할까? 이것은 이른바 "프로세스 자산화"를 통해 가능하다. 프로세스 자산화란 기업의 표준화된 비즈니스 프로세스를 데이터베이스 등으로 축적해, 공유가 가능하도록 시스템화하는 작업이다. 업무 지식을 관리한다는 측면에서 KMS(Knowledge Management System, 지식관리시스템)와 비슷하다. 단, "프로세스 자산화"는 프로세스의 표준화와 변화관리라는 전제를 가지고 있다.

그러나 대부분의 기업들이 이러한 "프로세스 자산화"에 소극적이다. "프로세스 자산화"는 개인의 학습 역량과 프로세스 중심의 문화를 창달하는 데 있어 가장 기본이 되는 요소임을 기억해야 한다. 또한 앞서 2장에서 "BPM 도입실태"에서 보았듯이 많은 기업들이 "프로세스 표준화"를 중요 과제로 뽑았다면, 프로세스 표준화의 첫 걸음인 "프로세스 자산화"는 더더욱 중요할 수밖에 없다. 이러한 프로세스 자산화에 대한 구체적 도입 방법은 제4장에서 자세히 다루도록 하겠다.

거버넌스(Governance)

거버넌스는 앞서 설명한 문화와 리더십이 정착되게끔 하는 주요한 장치다. 프로세스에 대한 권한과 책임을 갖는 프로세스 소유자와 그에 따른 보상체계 등을 제공하는 것이야말로 조직적으로 프로세스 경영이 빠르게 정착되게끔 유도한다.

처음부터 프로세스 경영을 자연스럽게 받아들이는 조직은 없다. 대부분의 조직들은 경영혁신에 거부감을 일으키기 마련이다. 특히 프로세스 경영을 도입하는 현장에서 살펴보면, 많은 현업들이 프로세스를 명시화하는 과정에서 자신만의 노하우가 유출되는 것을 염려하기도 하고, 프로세스에 의한 성과측정에 대해서는 강한 불만을 토로하기도 한다. 이러한 부분은 경영진의 리더십만으로 해결되기 어렵다.

그렇기 때문에 프로세스 경영에 대한 이해를 바탕으로 보상체계와 가이드라인을 제도화하고, 프로세스 중심적인 조직구조로 변화를 시도해야 한다. 즉, 프로세스 경영 체계하에서 각각의 조직원들의 행동 지침과 규정을 확립하고 이에 대한 보상 피드백(Feed-back) 체계를 분명하게 수립해야 한다. 이를 뒷받침하기 위해서는 CPO(Chief Process Officer)와 PO(Process Owner) 등의 프로세스 중심의 조직을 공식화하는 것이 필요하다. 이에 대한 실천방법은 제4장에서 자세히 알아보자.

방법론(Methods)

프로세스 경영을 도입함에 있어 필요한 산출물과 활동을 합리적으로 이끌어내는 방법론을 선택하는 것은 중요하다. 특히 프로세스 경영과 같은 경영혁신은 단기간에 도입되기 어렵고 전사적 프로젝트이기 때문에 단계적 절차 없이 도입하기는 불가능하다. 그렇기 때문에 프로세스 경영 도입 초기에는 전문가를 고용하는 것이 유리하다. 여기서 전문가의 역할은 BPR/PI 프로젝트의 그것과는 다름을 유의해야 한다.

BPR/PI에서는 전문가 주도에 의해 프로세스를 혁신하고 개선했으나, 프로세스 경영에서 전문가는 단지 그 도입 방안을 제안할 뿐이다.

프로세스 혁신과 개선은 기업 구성원들의 몫이다. 특히 프로세스 경영의 도입 초기에 프로세스 경영의 비전과 목표를 수립하고 단계적 추진 일정 및 성과를 계획해야 한다. 이런 모든 계획은 검증된 방법론에 근거해 수립되어야 한다. 또한 세부적으로는 프로세스를 도출해 전략과 연계하고 이를 지속적으로 개선하기 위한 접근 방법과 운영 지침 등을 방법론에서 제공받는다. 따라서 검증된 방법론의 선택과 전문가의 활용은 중요한 성공요소다.

정보기술(IT)

IT 시스템의 도입이 프로세스 경영의 전부라는 오해는 피해야 한다. 그러나 IT 시스템의 역할이 중요한 것은 사실이다. 왜냐하면 IT 시스템에 의해 프로세스 경영이 명시적으로 구현되기 때문이다. 즉, 손에 잡히는 실체가 생기는 것이다. IT 시스템에 의해 프로세스가 통제될 수 있으며, 무엇보다도 측정 가능한 데이터를 통해 지속적인 프로세스 개선과 관리가 가능하다.

따라서 프로세스 경영의 목적과 거버넌스, 방법론이 정확하게 반영되도록 IT 시스템을 구축하는 것 역시 중요하다. 이때 IT 시스템 구축에 있어 중요한 요소는 첫째, 적합한 솔루션을 선택하는 것과 둘째, 해당 솔루션의 전문가를 활용하는 것, 셋째, 프로세스 경영의 비전이다.

프로세스 경영의 비전이란, 프로세스 경영이 도입되었을 때 달성하고자 하는 업무처리 방식이다. 프로세스 경영의 비전이 구체적일 수록 IT 시스템 구축의 시행착오가 줄어들게 된다.

03 프로세스 경영 도입 시 빠지기 쉬운 함정들

프로세스 경영의 오해

프로세스 경영이 국내에 소개된 이후로 많은 오해가 있어 왔다. 프로세스 경영의 도입을 검토하는 과정이나, 초기 도입 과정 역시 많은 오류와 착각을 불러일으키는 경우가 많다. 그래서 도입 중간에 프로세스 경영의 도입을 포기하거나, 잘못된 방향으로 도입해 프로세스 경영이 폄하되는 불행한 결과를 초래하기도 한다. 그렇기 때문에 프로세스 경영 도입 시 흔히 범하게 되는 오해들을 나열하고, 오해의 해소를 통해 올바른 프로세스 경영의 이해와 도입 방법을 안내하는 것은 가치 있는 일이다.

첫 번째 오해는 이미 6시그마와 같은 경영혁신 활동을 현재 진행하고 있는데, 프로세스 경영을 도입하면 기존의 혁신 활동은 중단되거나 대체되어야 한다고 생각하는 점이다.

하지만 이는 그렇지 않다. 프로세스 경영은 현재 진행중인 경영혁신 활동을 방해하거나 멈추게 하지 않는다. 오히려 기존의 혁신활동에 도움이 되는 강력한 기능 및 도구들을 제공한다. 만약에 6시그마 활동을 하고 있다면, 대부분의 환경에서는 6시그마 데이터를 수작업을 통해 수집하거나, 개선 프로세스를 도출하는 것에 많은 공수가 소요된다. 이때 프로세스 경영에서 제공하는 프로세스의 실행 결과와 성과지표, 그리고 프로세스 정보들은 6시그마 수행의 어려운 점들을 해결해 줌으로써 오히려 6시그마의 강력한 지원도구가 된다.

일반적으로 프로세스 경영은 모든 다른 경영혁신 활동과 상충되지 않는다. 그 이유는, 당연한 언급이지만 기업의 업무 자체가 프로세스이고 이를 개선하는 경영혁신 활동이 프로세스를 중심으로 전개되기 때문이다. 그래서 프로세스 경영이 추구하는 점진적 프로세스 개선의 사상은 어떤 경영혁신과도 융합되기 수월하다.

두 번째 오해는 프로세스 경영의 도입은 IT 프로젝트라고 생각하는 점이다.

물론, 그렇지 않다. 프로세스 경영을 도입하는 목적은 경영혁신이다. 그렇기 때문에 단순한 IT 프로젝트로 간과하는 것은 프로세스 경영 도입의 실패를 자초하는 결과를 초래한다. 프로세스 경영의 도입은 경영혁신 프로젝트로써 추진되어야 한다.

앞서 6가지 성공요소에서도 보았듯이, 프로세스 경영의 성공은 전략적 가치와 기업의 거버넌스 등이 주요 성공요소다. IT로만 접근해서는 궁극적으로 경영혁신을 달성하기에 실패할 확률이 높다. 그렇기 때문에 IT는 경영혁신을 도달하기 위한 하나의 수단으로써 활용되어야 한다. 수단이 목적을 대신해서는 목적 달성은 요원하다. 그러나 불행하게도 많은 기업들이 프로세스 경영 도입을 IT 프로젝트로 단순화하는 경향이 많다. 이것은 비단 프로세스 경영만의 문제는 아니다. IT 기술의 진보로 경영혁신의 상당 부분을 IT가 지원하며, 패키지화된 솔루션까지 제공하기 때문에 이러한 오해와 착각이 심화되고 있는 측면이 있다. 이것은 솔루션의 도입만으로 모든 것을 해결하려는 편의주의에 기원하기도 한다. 그러나 IT는 그저 거들 뿐, 결국 경영혁신은 사람이 하는 일이라는 점을 분명하게 이해해야 한다.

세 번째 오해는 프로세스 경영의 도입 시 반드시 경영진이 참여할 필요는 없다고 여기는 점이다.

실제로는 그렇지 않다. 프로세스 경영의 도입은 반드시 경영진의 참여 및 스폰서십이 있어야 한다. 국내 BPM 도입 사례를 설문 조사한 결과 성공적 BPM 도입을 위해서는 '최고경영자의 강한 의지'가 주요 항목으로 지목되었듯이(그림 3-2 참조) 경영진의 참여와 지원은 필수 조건이다. 이것은 프로세스 경영이 근본적으로 경영혁신 활동이기 때문이다.

경영혁신은 기업 내 몇몇 조직에 의해 성취되는 것이 아니라 탑(TOP)의 지시와 리더십에 의한 것이다. 앞서 6가지 성공요소에서도 이를 이미 지적한바 있다.

따라서 프로세스 경영을 몇몇 단위 조직 주도하에 시작하는 것은 어려운 일이다. 반드시 전사적 혁신 프로젝트로 끌어 올려, 프로세스 경영의 공감대를 형성하고 경영진의 의지와 지원을 이끌어내는 작업이 선행되어야 한다. 그렇지 않다면 프로세스 경영 도입의 성공 확률은

그림 3-2 BPM 도입의 주요 성공요소(출처: BPM 코리아 포럼, 2007년)

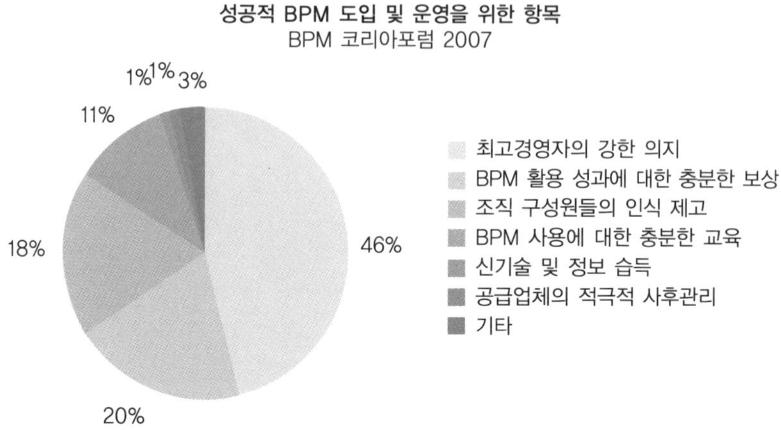

낮아질 수밖에 없다.

네 번째 오해는 BPR 이후 ERP 구축 등으로 프로세스 혁신을 완료했기 때문에, 프로세스 경영의 도입은 불필요하다고 믿는 점이다.

이는 그렇지 않다. ERP에 의한 프로세스 혁신과 통합, 시스템 구축은 프로세스 경영이 지향하는 혁신의 모습과 다르다. 프로세스 경영은 처음부터 최적화된 프로세스를 가정하지 않는다. 실행 결과의 사실에 입각해 프로세스를 조금씩 고쳐나가 최적의 상태에 도달하고자 한다. 이 과정은 끝도 없이 반복된다.

그러나 ERP는 한 번에 최적화된(One time Optimized) 프로세스를 관리하기 때문에, 프로세스의 지속적 개선과 변경관리가 구조적으로 어렵다. 따라서 ERP 도입 이후 혁신 TFT(Task Force Team) 등을 상시 운영해 소규모 혁신 프로젝트를 지속하지만, 이것을 실제 시스템이나 업무 현장에 적용시키기에는 한계가 있다.

다섯 번째 오해는, BPM은 프로세스 자동화가 주목적이라고 생각하는 점이다.

물론 그렇지 않다. 여기서 BPM, 즉 프로세스 경영은 프로세스 자동화가 주목적이 아니라 지속적인 프로세스 개선이 주목적임을 오해해서는 안 된다. 특히 BPM 솔루션 시장에서 마치 프로세스 자동화가 주요 기능처럼 소개되는 것은 안타까운 일이다.

프로세스 경영은 끊임없이 프로세스를 개선할 수 있도록 하는 환경구축이 필요하며, 이것은 프로세스를 손쉽고 간단하게 실행하고 바꿀 수 있는 기능을 요구하게 된다. 이때 프로세스 자동화는 이에 따른 부수적 효과(Side Effect)일 뿐이다. 즉, 프로세스 자동화 자체가 프로세스 경영이나 지원 시스템의 목적은 아니라는 뜻이다.

프로세스 자동화는 워크플로우(Workflow) 시스템이 지향하는 목적이다. 그렇기 때문에 종종 워크플로우를 적용해 업무 자동화를 구현한 기업이 프로세스 경영의 도입을 불필요하게 오해하는 경우도 있다.

04 프로세스 경영의 고도화 전략

프로세스 경영과 경영혁신 기법의 융합

경영혁신의 역사가 곧 프로세스 혁신의 역사라고 할 만큼, 많은 경영혁신 방법론들이 프로세스 중심적이다. 이런 이유 때문에 프로세스 경영은 다른 경영혁신 방법론들과 융합이 용이하다. 특히 프로세스 경영에서 부족한 부분들을 다른 경영혁신 방법론들을 적용해 보강할 수 있다.

예를 들어 6시그마는 과제를 가시화하고 정보 수집을 자동화하는 기법이 부족한데, 이런 점들을 프로세스 경영의 프로세스 가시화, 자동화 등을 통해서 해결할 수 있다. 이러한 프로세스 경영과 다른 경영혁신 방법론들 간의 융합은 프로세스 경영이 진화하는 한 모습이라고 할 수 있다.

이처럼 프로세스 경영 기법을 활용해 경영혁신을 강화하는 방안은 다음과 같다.

프로세스 경영과 6시그마

6시그마는 국내 기업들의 대표적 경영혁신 도구이지만 앞서 국내 프로세스 경영 도입 동향에서 살펴본 바와 같이 수작업에 의존한 데이터 수집 등 몇 가지 한계점이 지적되어 왔다. 프로세스 경영은 이러한 6시그마의 몇몇 한계점을 잘 보완해준다. 이와 같이 프로세스 경영과 6시그마의 융합은 많은 시너지를 낼 수 있다.

BPM 기반 6시그마 추진

BPM, 즉 프로세스 경영이 6시그마 추진에 있어 중요한 시사점은 일단 보이지 않는 프로세스를 시각화, 실체화하는 것으로부터 시작한다는 점이다. 6시그마 역시 실체화된 프로세스의 개선안을 도출하고 반영하기 때문에 프로세스 경영이 제공하는 시각화, 실체화된 프로세스가 이미 6시그마 추진을 위한 필요조건을 제공하는 셈이다.

실체화된 프로세스라는 공통분모 외에 6시그마의 개선 방법론인 'DMAIC'의 각 단계마다 프로세스 경영은 6시그마의 보완재로써 기능을 제공할 수 있다. 다음의 표는 'DMAIC' 각 단계에서 발생하는 이슈와 이에 대응하는 프로세스 경영에 의한 해결 방안이다.

이와 같이 프로세스 경영은 6시그마 추진에 훌륭한 파트너가 된다. 따라서 6시그마를 추진하는 많은 기업들은 프로세스 경영의 도입을 깊이 고민해봐야 한다. 이것은 답보 상태에 빠진 많은 6시그마 프

표 3-1 BPM에 의한 6시그마 추진 이슈 해결 방안

	6시그마 추진 이슈	BPM에 의한 해결방안
Define	시그마 과제 및 대응 프로세스 도출 난해	프로세스 실행 데이터와 가시화된 프로세스로 과제 범위 선정
Measure	CTQ(Critial To Quality) 도출과 측정 난해	프로세스 KPI에 의한 CTQ 정의와 프로세스 실행에 의한 실데이터 측정
Analyze	수작업에 의한 데이터 수집, 분석	시스템에 의한 데이터 수집 자동화와 분석
Improve	개선안 도출을 위한 시뮬레이션 도구 부재	개선 프로세스 시뮬레이션 평가 및 분석 도구 제공과 개선 프로세스 반영
Control	개선안 이행에 대한 보장 방안 부재	시스템에 의한 개선 프로세스 실행과 통제

로젝트를 해결할 중요한 계기가 될 것이다. 프로세스 경영은 'DMAIC' 프로세스 자체를 표현하고 실행할 수 있으며 분석을 위한 데이터 수집도 표현하고 실행할 수 있다. 이는 프로세스 경영이 6시그마 활동의 대상인 모든 프로세스들을 개선하는 데 기초를 제공한다는 의미이며 결국 프로세스 경영은 6시그마 프로젝트 플랫폼이 된다.

프로세스 경영과 BSC(Balanced Score Card)

균형성과표(Balanced Score Card, BSC)는 1990년 하버드 경영대학 교수인 로버트 캐플런과 데이비드 노턴이 공동으로 제시한 비즈니스 성과 측정 방법이다. 기업의 성과 측정을 재무, 고객, 내부 프로세

스, 학습과 성장의 4가지 관점에서 보다 균형 있게 파악하도록 돕는 개념이다. 최근에는 환경 비용을 포함해 5가지로 나누기도 한다. 경영자들은 균형성과표를 이용해 개인, 부서를 비롯해 기업 내 전 계층에 자사의 전략을 효과적으로 전파하고 이를 개별 목표와 연결시켜 자원 배분 및 운용을 효과적으로 수행할 수 있게 된다.

1990년 이전에 있어서는 기업의 평가지표로 대개 재무적 지표만 사용되어 왔다. 하지만 경영 환경이 극도로 복잡해지면서 달라지기 시작했다. 재무적 지표가 과거의 실적에 대해서는 말해 줄 수 있지만 조직의 문제점이나 미래의 가치를 창출해 낼 수 있는 요소를 알려 주기에는 미흡한 경우가 많다. 또한 조직의 성과를 평가한다는 것은 한 조직이 비전을 얼마나 제대로 달성하고 있는가와 무엇이 비전 달성에 문제가 되는가를 파악해 필요한 개선을 실시해 결국은 비전 달성을 효과적으로 하기 위함이다. 이때에는 개인이나 부서의 공과는 부수적으로 따라오는 것이라고 보아도 무방하다. 물론 재무적 지표만으로는 이러한 요소를 정확히 평가하기 힘들다. 따라서 이러한 관점 때문에 생긴 평가 방법이 곧 BSC이다.

BSC의 기본 요소는 비전과 전략, 관점, 핵심 성공 요인, 주요 성과지표, 인과 관계, 목표, 피드백 등이다(김희경과 성은숙, 2001). 여기에서 관점이란 것이 바로 균형된 성과 평가를 만들어 주는 것이다. 이로부터 과거의 재무적 관점만으로 구성된 지표에서 비재무적 지표들, 즉 고객 관점, 내부 비즈니스 프로세스 관점 및 학습과 성장(학습과 혁신이라고 하기도 한다) 관점의 지표들을 포함하게 된다. 여기서 곧 성과 평가가 과거 지향적 관점에서 미래 지향적 관점으로 전향되는 동인이 생겼다 할 수 있다.

2000년대에 이르러 미국의 경우 주요 1,000대 기업의 40% 이상이 BSC를 이용해 성과 평가를 하고 있다. 최근 우리나라에서도 재무성과 지표만을 사용하던 패턴에서 벗어나 비재무적 지표를 포함한 BSC를 많이 이용하고 있다.

그렇다면 프로세스 경영과 BSC는 어떤 관계를 가질 수 있을까? 프로세스 경영과 BSC는 '전략 실행'을 공통의 목적을 가지고 있으나 여러 가지 측면에서 서로 다른 접근 방식을 취하고 있다. 그러나 프로세스 경영과 BSC는 전략 실행을 위해 서로 보조적인 역할을 수행할 수 있어 프로세스 경영에 BSC를 적용할 경우 보다 강력한 경영 도구로 활용될 수 있다.

BSC와 프로세스 경영의 가장 큰 차이점은 BSC는 조직 중심의 관리를, 프로세스 경영은 프로세스 중심의 관리를 한다는 것이다. 이 점을 극명하게 드러내는 것이 첫째, 전사 표준 프로세스 맵 없이 내부 프로세스 관점의 KPI를 설정하는 것과 둘째, BSC 단계적 전달 모델(BSC Cascading Model)이다.

먼저 BSC에서 프로세스 관점의 KPI 설정을 위해서는 기본적으로 표준 프로세스 맵이 필요하다. 여기에서 표준이라 함은 임직원이 공감대를 형성해 참조할 수 있는 맵을 말한다. 예를 들어, 표준 맵이 없을 경우, '구매 프로세스'는 그 시작과 끝이 애매하며 프로세스의 산출물이 명확하게 설정되어 있지 않아 KPI를 도출하기가 어렵다. '구매 프로세스'는 보는 사람의 시각에 따라 범위가 달라질 수 있다.

구매 부서에서는 단순히 구매 요구서를 받아 물품을 구매하는 것으로 생각할 수도 있고, 생산 부서에서는 생산 계획으로부터 자재 구매 및 입고까지를 구매 프로세스로 생각할 수도 있다. 표준 프로세스 맵 없이 구매 프로세스의 KPI를 설정할 경우 도대체 시작과 끝이 어디인가를 정의하기가 어렵고 공감대도 형성하기 힘들어진다. 또한 구매 프로세스의 산출물에 대한 정의도 없는 상태이므로, 프로세스의 KPI 설정은 신빙성이 떨어질 수밖에 없다. BSC 구현 시 표준 프로세스 맵 없이 프로세스 관점의 KPI를 설정할 수 있다는 것은 실로 놀라운 일이 아닐 수 없다.

또한 표준화된 프로세스와 맵 없이는, 프로세스와 다른 요소들(조직, 개인, 재무) 간의 의존성을 찾아내기 어렵고 따라서 BSC 전략맵(Strategy Map)의 신뢰성을 떨어뜨린다. Cascading model에서도 상위 전략 목표와 부서 내부 프로세스의 연관성, 상위 프로세스와 하위 프로세스의 연관성, 부서 내의 프로세스와 업무, 개인별 담당 업무(직무)를 판단하기 어려우므로 단계적 전달 스코어 카드(Cascading Scorecard)에 대한 공감대 형성이 어렵다.

특히, 표준 맵 없이는 프로세스 관점의 팀 또는 개인별 성과표를 작성하기가 매우 어렵다. 팀 또는 개인별 담당 업무에 대한 명확한 정의가 없고 따라서 불분명한 책임 소재와 업무의 산출물에 대한 정의가 없어 업무 수준의 KPI 도출이 거의 불가능해진다. 이 점이 BSC를 통한 전략 실현이라는 목표를 달성하기 어렵게 만드는 중요한 요소가 된다. 팀 또는 개인이 어떤 방향으로 업무 목표를 설정해야 하는지를 제시하지 못하면, 전략과 업무가 서로 다른 방향으로 전개될 수 있기 때문이다.

BSC 적용이 조직 위주라는 것은 BSC의 단계적 전달 모델(Cascading model)에서 분명하게 드러난다. 기업 수준의 BSC 성과표가 작성되면, 조직 별로 성과표가 단계적으로 전달(cascading)되어 결국 팀 및 개인별 성과표가 작성된다. 즉, 회사 전체의 성과표를 통한 목표 값 설정은 사업부로 할당되어 내려가며, 각 사업부의 목표 값은 부서별로 할당된다. 따라서 BSC의 단계적 전달 모델은 기존 기능 중심의 성과 관리 시스템과 별반 차이가 없다. 즉, 조직 간 프로세스의 전체적인 관점에서 목표와 고객 중심으로 사고하기보다는 조직 내부의 최적화를 지향하게 된다.

프로세스 경영의 프로세스 성과 관리는 조직 중심의 사고와 운영이 아니라 프로세스 중심의 사고와 운영을 지향한다. 기업 수준의 BSC 성과표가 작성되면 표준 프로세스 맵을 통해 KPI 달성을 위해 핵심적인 역할을 수행하는 프로세스를 정렬한다. 정렬된 프로세스의 KPI가 설정되면 프로세스를 구성하는 하위 프로세스의 KPI를 설정한다. 하위 프로세스의 KPI는 하위 프로세스를 담당하는 개별 조직의 프로세스 관점 KPI가 된다. 마지막으로 하위 프로세스를 구성하는 업무에 대해 하위 프로세스 KPI 달성을 위한 업무 KPI를 정의한다.

즉, 프로세스 관점의 KPI는 조직이 배제된 상태에서 표준 프로세스 맵을 기준으로 작성되며 작성된 KPI를 조직에 매핑시켜 조직이 담당하는 부분을 정의하게 된다. 따라서 프로세스 성과 관리를 통한 KPI 설정은 부서 또는 개인이 전략 달성을 위해 어떻게 업무를 수행해야 하는지를 전략적인 관점에서 명확하게 정의해 준다. 각 개인은 설정된 KPI를 업무 방향으로 설정해 업무를 수행하면, 바로 그 자체가 전략을 실현하는 것이 된다.

BSC의 운영 모델이 전략 실현에 현실적인 문제점을 가지고 있으므로, 프로세스 경영을 활용해 이 부분을 보완할 수 있다. BSC의 재무, 고객, 내부 프로세스 또는 학습에 따른 성장의 네 가지 관점 중, 전략 실현에 핵심적인 역할을 담당하는 내부 프로세스 관점의 성과 관리를 프로세스 경영의 프로세스 성과 관리가 담당하게 하는 것이다.

프로세스 경영의 프로세스 성과 관리를 통해 BSC의 프로세스 관점을 운영할 경우, 프로세스 중심의 KPI를 팀 또는 업무 수준까지 명확하게 설정할 수 있다. 또한 전략 실현에 문제점을 사전에 파악하고 프로세스 개선을 통해 후행 지표의 목표 달성을 체계적으로 도모할 수 있게 된다.

그 밖에도 앞서 제4장의 프로세스 경영의 구현 방법론에서 설명했듯이 기업의 전략을 비즈니스의 프로세스와 연계하고자 할 때 BSC

의 전략맵을 활용한다.

전략맵은 재무로부터 학습과 성장에 이르는 수직적인 관점에서 보았을 때, 기업의 전략이 가지고 있는 가설, "If-then(만일 어떻게 한다면 어떻게 될 것이다)"에 부합하는 인과관계를 고려해 수립하게 된다. 전략맵에서 각 전략 목표는 그와 연관된 측정지표를 갖게 되며 이런 측정지표 설정이 전략맵의 중요한 용도가 된다.

예를 들어 수익성 극대화라는 기업의 전략에 따른 전략맵은 아래 그림과 같이 수립될 수 있다.

그림 3-3 BSC의 전략맵 예시

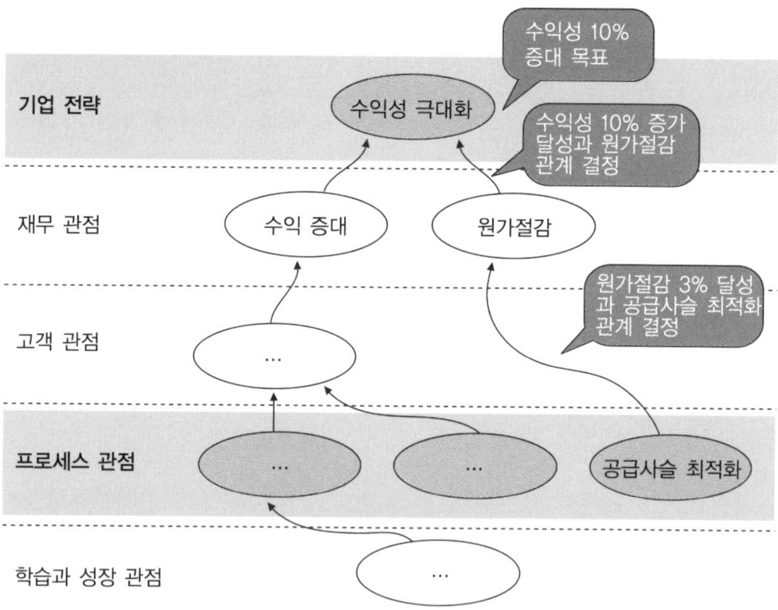

앞의 전략맵 예시에서 보듯이 "수익성 극대화"라는 기업 전략이 수립되었다면 전략맵에 의해 프로세스에는 "공습사슬 최적화"라는 목표가 주어지게 된다. "공습사슬 최적화"의 하위 세부적인 KPI는 다시 설정되어야 하겠지만 기업의 전략이 전략맵에 의해 어떻게 프로세스까지 연계되는지 앞의 예시를 통해서 이해할 수 있을 것이다. 따라서 BSC와 프로세스 경영은 서로의 부족한 부분을 보강할 수 있는 영역들을 제공한다.

실시간 기업으로 가는 길

가트너(Gartner)의 프로세스 경영의 성숙도 모델(BPM Maturity Model)에 따르면 민첩한 비즈니스 구조를 통해 새로운 비즈니스나 상품, 서비스의 개발이 가능한 단계를 가장 진화된 프로세스 경영의 단계로 제시하고 있다.

앞서 이미 프로세스 경영의 도입 목적으로 비즈니스 민첩성을 강조해 왔다. 비즈니스 민첩성은 여전히 프로세스 경영에 있어 중요한 도달 목표다. 이러한 비즈니스 민첩성이 극대화된 단계가 바로 실시간 기업인데, 실시간 기업은 모든 경영자들이 꿈꾸는 아주 이상적인 기업의 모습이며, 프로세스 경영의 최종 비전이라고 할 수 있다.

프로세스 경영은 현업 사용자들의 참여에 의한 혁신을 지향한다. 최근 IT에서 주요 화두였던 웹(Web) 2.0 역시 사용자들의 적극적 참여

그림 3-4 프로세스 경영 성숙도 모델(출처: Gartner, 2006년)

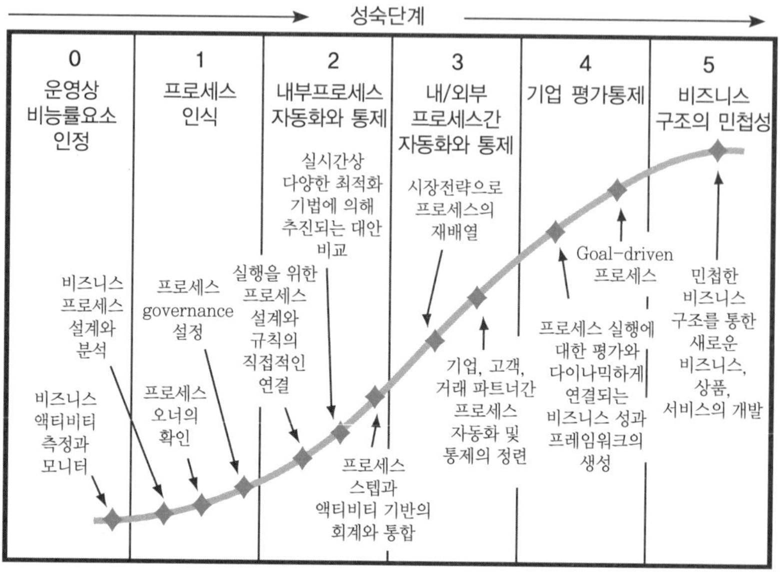

← 일반적인 기업의 현 상황 →

에 의한 정보 공유가 핵심적 지향점이다. 웹 2.0은 기업의 영역으로 넘어와서 엔터프라이즈(Enterprise) 2.0으로 진화하는데, 엔터프라이즈 2.0 역시 기업 조직원들의 자발적 참여와 공유를 강조하고 있다. 이러한 흐름은 프로세스 경영의 지향점과 일치하기 때문에 엔터프라이즈 2.0에서 강조하는 사용자 참여 확대에 의한 프로세스 경영의 발전 방향을 점쳐볼 수 있다.

이를 종합해 보면 프로세스 경영의 진화 방향은 비즈니스 민첩성과 사용자 참여의 확대이다. 그리고 그 진화의 최종 목적지는 실시간 기업이 될 것이다.

우선 프로세스 경영에서 비즈니스 민첩성을 강화하기 위한 최적의 방안은 SOA(Service Oriented Architecture) 기반의 BPMS를 구축하는 것이다. 가트너는 SOA를 표준 인터페이스(서비스)로 업무 시스템을 구축하는 소프트웨어 아키텍처로 정의하고 있다. 즉, 표준 인터페이스에 의한 느슨한 결합으로 비즈니스 요구사항 변경에 신속하고 빠르게 대처할 수 있다. 비즈니스 민첩성이 높아지는 것이다.

아래 그림은 SOA에 의한 시스템 아키텍처의 예시다.

그림 3-5 SOA가 도입된 시스템 아키텍처 예시

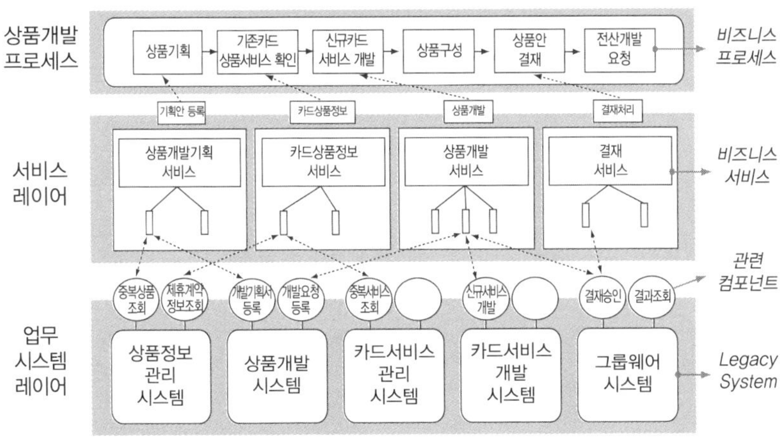

그림에서 확인할 수 있듯이 서비스 계층이 추가되어 있음을 알 수 있다. SOA의 서비스는 독립적으로 수행가능한 업무 기능 단위 및 이

를 지원하는 시스템 기능 단위를 지칭하는데 재사용성과 호환성, 그리고 느슨한 결합의 특징을 가지고 있다.

그렇다면 이러한 서비스 지향 구조(SOA)가 프로세스 경영과 어떤 관련이 있을까?

먼저 SOA 기반의 BPMS와 SOA가 빠진 BPMS의 구조를 비교해 보자. SOA 기반의 BPMS 구조에서는 서비스가 프로세스와 응용시스템 간의 통합을 중개함으로써 프로세스의 신속한 변경을 강화한다.

그림 3-6 일반 BPMS와 SOA 기반의 BPMS 비교

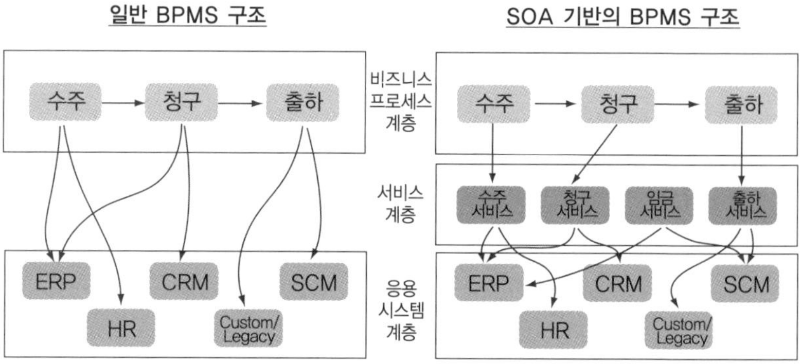

- 특정 기술에 종속적인 경향
- 재사용성에 대한 고려가 미흡
- 이기종 플랫폼 기반, 대외기관 간 연계의 어려움
- 프로세스 생성, 변경, 수정의 어려움

- 재사용성을 고려한 모듈의 분리
- 표준기준의 상호 적용 시 대외기관 간 연계 용이
- 신속하고 유연한 프로세스의 변경
- 통합, 유지보수의 용이성

예를 들어 다음 그림과 같이 판매 관리 프로세스가 '수주→청구→입금→출하'에서 갑작스럽게 '검수' 과정이 추가되어 검수 후 입금되는 절차로 비즈니스가 변경되었을 때, 일반 BPMS 구조에서는 프로세스 변경뿐만 아니라 하위 시스템까지 변경을 해야 한다. 그만큼 비즈니스 민첩성은 떨어지게 된다. 그러나 그림 3-7과 같이 SOA 기반의 BPM이라면 단지 프로세스만 변경하면 된다. 왜냐하면 SOA의 서비스가 업무에 대응하는 공통 부품처럼 사용되기 때문에 서비스와 하부 레

그림 3-7 SOA 기반 BPM의 민첩성(출처: elancer.co.kr)

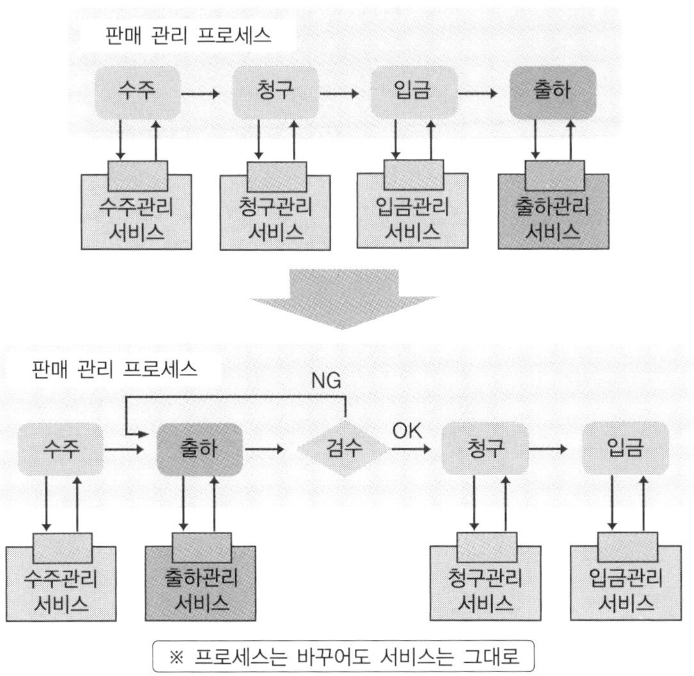

거시 시스템을 변경할 필요가 없기 때문이다. 따라서 비즈니스 변경을 신속하게 지원할 수 있다. 비즈니스 민첩성이 강화되는 것이다.

SOA는 프로세스 경영에 의한 비즈니스 민첩성을 강화한다. 따라서 프로세스 경영을 구현할 때는 SOA 기반의 BPMS 구축을 고려해볼 필요가 있다.

그림 3-8 SOA 기반의 BPM 시스템 아키텍처

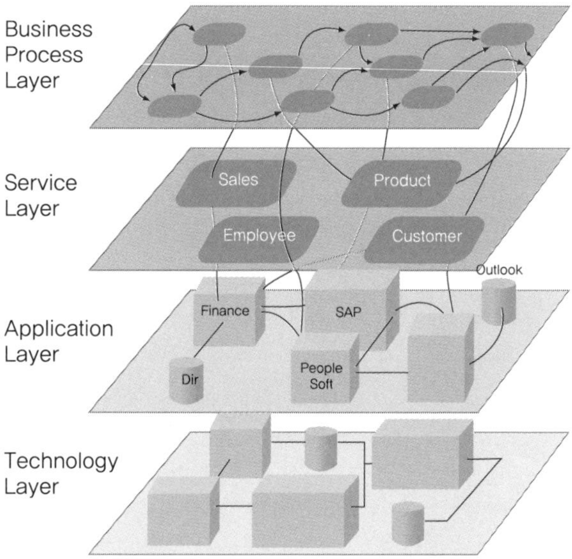

다음으로, 프로세스 경영은 현업 사용자에 의한 프로세스 개선을 추구한다. 이것이 가능하기 위해서는 첫째 현업 사용자가 이해할 수 있고 조작할 수 있는 프로세스 모델링 도구가 제공되어야 하고, 둘째, 프

로세스의 개선점을 찾아 낼 수 있는 역량을 현업 사용자들이 갖추고 있어야 한다. 셋째, 손쉬운 프로세스 변경이 가능해야 한다. 즉, 프로세스 변경이 하부 기술에 독립적이어서 IT 전문가의 도움 없이도 프로세스를 변경할 수 있어야 한다. 위의 조건들을 하나씩 자세히 알아보자.

이해와 조작이 손쉬운 프로세스 모델링 도구

앞서 제 5 장에서 언급했듯이 프로세스 모델링 도구는 IT 전문가가 아닌 업무 전문가인 현업이 쉽게 이해하고 조작할 수 있어야 한다. 특히 쉬운 이해를 위해서 프로세스를 표현하는 표기법이 중요한데, BPMN에 의한 프로세스 표기가 더욱 확산되고 있는 추세다.

프로세스 분석 기법 및 프로세스 역량의 강화

현업 사용자에 의한 프로세스 개선이 가능하기 위해서는 현업 사용자 스스로 프로세스 실행 결과를 분석해 각종 지표들의 문제점을 파악할 수 있어야 한다. 또한 향후(TO-BE) 프로세스를 모델링하고 시뮬레이션하여 타당성을 검토해야 한다. Gartner에서는 이러한 분석과 시뮬레이션 기능을 제공하는 BPA와 프로세스 모델링 도구가 통합될 것으로 예측한다. 즉, BPA에 의해 프로세스를 모델링하고 분석, 시뮬레이션하는 기능이 통합됨으로써 현업 사용자에 의한 프로세스 개선이 한층 현실화될 수 있다.

사용자에 의한 프로세스 변경

프로세스를 변경하는 것은 향후 프로세스를 모델링하고 실행하는 것을 의미한다. 사용자에 의한 프로세스 변경은 IT 전문가의 도움 없이 사용자만의 힘으로 프로세스 모델링부터 프로세스 실행까지 완료하는 것이다. 즉, 프로세스 하부의 IT 시스템의 수정이나 설정의 변경 없이 향후 프로세스가 실행될 수 있어야 한다.

이것이 가능하기 위해서는 프로세스 통합 기술이 더욱 진화해야 한다. 프로세스의 하부 시스템들이 완전하게 추상화되어 복잡한 설정 없이도 통합, 연계가 가능하도록 좀더 느슨한 결합이 제공되어야 한다.

실시간 기업으로

기업의 위기는 예측하지 못한 상황의 도래, 환경 급변, 초기 대응 실패 등으로 촉발되어 대응상의 미숙과 내부 시스템 오류로 인해 확산, 재생산된다. 따라서 빠른 감지 능력과 빠른 대응 능력이 필요하다. 그러나 더욱 좋은 것은 이런 위기 상황을 미리 감지하고 대처하는 것이다. 이러한 대처가 가능한 것이 바로 실시간 기업이다.

실시간 기업은 성공과 직결된 이벤트가 발생하는 즉시 그 근본원인과 이벤트를 모니터링, 획득, 분석해 새로운 기회를 식별하고 불행한 사태를 미연에 방지하며 핵심 비즈니스 프로세스의 지연을 최소화한다. 또한 이러한 정보를 활용해 핵심 비즈니스 프로세스의 관리 및 실행 지연을 지속적으로 제거한다. 즉, 이벤트에 대한 즉각적 대응을 넘어 이에 대한 기회, 위협을 예견, 사전 조치하는 것에 중점을 두고 있다.

그림 3-9 실시간 기업(RTE)의 이벤트 처리 절차

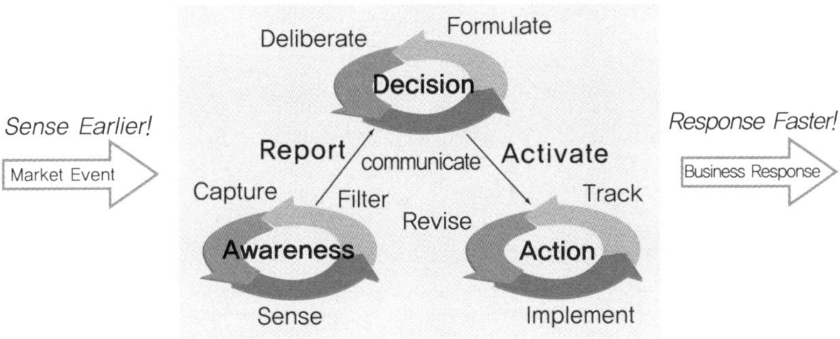

실시간 기업은 실시간 문제 인식(Awareness)을 통해 기업 내·외부의 정보 통합을 기반으로, 경영활동 전반의 실시간 모니터링을 통해 이벤트와 지연 요소를 조기에 발견하고 의사결정(Decision) 단계에 보고한다. 실시간 의사 결정 단계에서는 이벤트와 정보의 실시간 분석을 통해 최적의 대응방안을 결정하고, 실행 계획을 수립한다. 그 이후 실시간 실행(Action)으로 정보의 분석을 통해 수립된 대응 방안을 신속히 실행하게 된다.

이러한 실시간 기업의 구현은 실시간 업무 정보 수집(이벤트 감지)과 지능적 분석(최적의 대응과 조치 설정), 실시간 업무처리(조치된 대응 실행)에 의해 가능하다.

이러한 구현 요구사항은 BPM 스위트의 솔루션 컴포넌트와 하나씩 일치한다.

실시간 정보 수집은 BPM의 프로세스 실행 데이터와 BAM의 성과 지표 모니터링 기능, 지능적 분석은 BPA에 의한 데이터 분석, 프로세스 개선, 시뮬레이션 검증 기능, 실시간 업무처리는 BPA 실행 엔진에 의한 개선된 프로세스 실행 기능으로 대응된다. 즉, 문제인식, 의사결정, 실행이라는 RTE 요건에 대응하는 구현요소들은 BPA의 프로세스 생명주기 관리 기능과 일치한다.

"중요 이벤트를 모니터링, 감지, 분석하고, 이를 통해 핵심 비즈니스 프로세스를 관리하고 지연 요소를 지속적으로 제거한다"라는 실시간 기업의 정의는 결국, BAM을 포함한 BPM 스위트의 타깃 이미지에 해당한다.

프로세스 경영의 고도화는 비즈니스 환경 내의 프로세스, 기술적, 인적 자원을 종적 · 횡적으로 통합 · 조정해 비즈니스 민첩성을 극대화해 결국 실시간 기업을 구현하게 된다.

05 사례를 통해 본 프로세스 경영

국내 기업들은 해외의 여타 기업들보다 선도적으로 프로세스 경영을 도입해왔다. 이러한 국내 기업들의 선진 사례를 살펴보는 것은 프로세스 경영을 좀더 깊게 이해할 수 있는 계기와 교훈을 줄 것이다. 이번 절에서 소개되는 사례는 지난 수년간 국내 최대 IT 서비스 업체인 LG CNS가 수행한 대표적 프로세스 경영 구축 사례로써, 기업들이 프로세스 경영을 도입하는 다양한 목적과 추진 과정을 이해하는 데 도움이 될 것이다.

Post ERP를 위한 BPM 도입

도입 배경 및 목적

글로벌 시장 진입을 목표로 하는 전자제조업체 A사는 ERP의 도입과 6시그마 활동을 통해 적극적인 경영혁신을 펼쳐가고 있었다. 특히 세계적인 수준의 업무 생산성을 갖추기 위해 시도한 ERP의 도입은 비교적 성공적으로 평가받고 있었다.

그러나 속내를 들여다보면 여전히 문제는 남아있었다. ERP를 통해 정보의 통합과 통제는 이뤄졌지만 한편에서는 수작업의 업무가 남아있거나 업무의 단절이 벌어지고 있었다. 프로세스의 완전한 통합을 기대하기는 아직 어려운 상태였던 것이다. 이는 결국, 혁신활동에 의한 프로세스 개선 결과들이 업무 시스템에 제대로 반영되지 못하는 문제로도 이어졌다.

A사는 이와 같은 문제를 해결하고자 BPM 도입을 결정하게 된다. 당시 BPM은 아직 시장에서 생소한 개념이었지만 A사와 같은 고민을 하는 기업에는 매우 적합한 솔루션으로 보였다. 즉, ERP의 도입 이후, 지속적인 프로세스의 개선과 생산성 향상을 이어갈 수 있는 매우 유력한 방안이었다.

구축 과정

수차례의 혁신 프로젝트를 추진한 바 있는 A사는 BPM 프로젝트 역시 경영층의 확고한 의지와 지원이 무엇보다 중요하다는 인식을 하고 있었다. 때문에 경영층의 전폭적인 지원을 끌어내는 일은 수월했다.

그러나 그럼에도 A사의 BPM 프로젝트는 수월하지만은 않았다. 선례도 없이 국내 최초로 시행되는 대규모 BPM 프로젝트라는 생소함은 예상치 못한 어려움으로 이어지곤 했다.

우선 BPM 시스템의 적용 범위를 어디까지 할 것인가 결정하는 일부터 수월하지 않았다. 만약 전사의 모든 비즈니스 프로세스를 BPM 시스템으로 다시 구축한다면, 이것은 ERP보다도 더 큰 프로젝트가 될 것이 분명했으니 엄두가 나지 않았다. 또 프로젝트의 규모를 떠나서 국내 최초의 BPM 프로젝트라는 부담감도 만만치 않았다.

이에 A사는 고민 끝에 단계적 확산 방식으로 BPM 시스템을 도입하기로 했다. 단계적 확산이란 가치사슬 상에서 핵심 영역을 중심으로 우선 BPM 시스템을 적용하고 차츰 프로세스별로 확산해가는 방법이다.

이에 따라 BPM 시스템의 적용 효과, 용이성 등을 평가해 가장 효과적인 프로세스를 중심으로 우선 적용하기로 했다. 이렇게 선정된 프로세스가 바로 국내 · 외 부문, 사업본부, 법인에서 수행되는 주요 비즈니스 프로세스였다.

또한 결산 프로세스를 포함한 재경, 영업 영역의 프로세스를 대상으로 파일럿 프로젝트를 진행했다. 파일럿 구축을 통해 프로젝트 수행 경험을 쌓은 뒤, 본격적인 확산을 이어갔다. 또한 전략, 프로세스, IT, 조직, 제도 측면에서 전반적인 점검을 수행했다. 이러한 A사의 점진적 확산 방법론은 이후 많은 BPM 프로젝트에 벤치마킹이 되어 사용되고 있으며, 표준적인 BPM 프로젝트 방법론으로 받아들여지고 있다.

A사는 BPM을 통해 부서 간 협조와 합의가 필요한 업무 프로세스를 통합하고 수작업 업무를 자동화하도록 했다. 또, 업무 시스템에서 매뉴얼 및 지침을 조회할 수 있도록 해, 업무 생산성 향상과 조직원의 역량을 높이는 효과까지 이어지도록 했다. 특히 ERP만으로는 한계가 있었던 지속적인 혁신을 보완하는 것에 기대가 컸다. 즉, BPM에 의해 지속적인 혁신활동의 결과가 비즈니스 프로세스의 개선으로 이어지고

이것이 실제의 업무 시스템에 반영됨으로써 선순환의 혁신이 가능하도록 하는 것이었다.

구축 효과

A사의 BPM 구축 효과는 다음과 같다. 우선, BPM이 적용된 업무에서는 평균 50%의 업무 생산성 향상 효과가 있었다. 특히 본사 결산 일정이 50% 단축되었고, 결산 업무처리 투입 자원의 97%가 감소되었다.

BPM에 의한 수작업 업무의 자동화, 단절 업무의 통합과 업무 절차의 단축과 성과관리로 생산성 향상을 가져왔다. 이는 더 나아가서 지속적인 프로세스의 개선이 가능한 시스템의 구축으로 이어졌다.

업무를 처리하는 현업 입장에서도 다양한 효과가 있었다. 과거 현업의 사용자는 업무를 처리할 때마다 매번 시스템을 일일이 찾아서 해결해야 했지만 BPM이 도입된 이후에는 처리 시점마다 하나의 화면에 즉시 제공되어 간편하게 업무를 처리할 수 있게 되었다. 또, 잘 모르는 업무인 경우에도 화면에 제공되는 매뉴얼이나 지침을 참고해 쉽게 해결할 수 있게 되었다. 이것은 직원들이 업무 자체에 집중할 수 있고 그만큼 업무 효율을 높이는 효과로 나타났다.

경영자 입장에서는 생산성이 높아지고, 이에 따라 속도 경영이 가능해졌으며 지속적인 혁신 활동의 수행으로 가시적인 성과를 낼 수 있다는 점에서 만족할만한 성과를 나타냈다.

그림 3-10 A사의 BPM 구축 효과

	As-Is	To-Be	Through BPM
업무 실행	· 찾아서 처리해야 하는 업무 · 비연속적 각 시스템별 업무 처리 중심	· 찾아오는 업무 처리 · 시작과 끝이 있는 프로세스 중심의 시스템 연결	**Complete Biz Integration** 프로세스, 조직, 시스템의 강한 결합을 통한 자동화
업무 통제	· 시스템화되어 있지 않은 부분은 수작업 처리 · 처리 현황 파악 난이 · 정확한 개선 포인트 파악 난이	· 업무와 관련된 명확한 규칙 절차가 표준적으로 제공 · 실시간 업무 진척 현황 파악 · 병목 업무의 통계적 파악으로 지속적 개선 가능	**Process Life Cycle Mgt.** 변화에 대한 민첩성, 유연성 증대를 위한 프로세스의 체계적 관리
수행 전력	· 개인별 업무 처리 능력에 따른 편차 발생	· 균일한 업무 수행 능력 조기 확보	**Continuous Improvement** 프로세스 효율 관리 및 지속적인 개선에 의한 경영 목표에의 접근

교훈

A사의 BPM 프로젝트는 선례 없이 국내 최초로 시행된 사례였지만 성공리에 마칠 수 있었다. 그 이유는 바로 경영혁신에 대한 전사적인 의지와 BPM에 대한 정확한 이해 때문이다.

A사는 ERP 이후 지속적인 경영혁신 활동을 추진해 왔고 이를 통해 경영진부터 말단 사원까지 혁신에 대한 필요성과 공감대가 충분히 형성되어 있었다. 특히 혁신 학교와 같은 교육으로 혁신의 문화를 꾸준하게 만들어 왔다. 이는 BPM과 같은 경영혁신 프로젝트에 대한 거부감을 줄이고 적극적인 참여를 이끌어 내는 배경이 되었다.

또한 경영진은 단순한 IT가 아닌 혁신 달성의 수단으로써 BPM을 정확하게 이해하고 활용함으로써 BPM의 가치를 제대로 이끌어 낼 수 있었다. 즉, BPM의 본질은 혁신 방법론이자 프로젝트로써, 그 특성상 경영층의 전폭적인 지원과 의지가 수반되어야 BPM이 혁신의 도구로 자리 잡고 활용될 수 있음을 잘 보여주고 있다.

신속한 비즈니스 대응을 위한 BPM 도입

도입 배경 및 목적

K사는 기업체 대상으로 인터넷 서비스 사업을 전개하는 B2B 기업이었으나 일반 소비자로 사업영역을 확대하면서 변화를 겪게 된다. 당시 가장 큰 문제는 기존의 비즈니스 프로세스와는 다른 체계가 필요하다는 점이었다. 이에 K사는 관련 유사업종의 시스템을 벤치마킹하고, 이를 도입해서 운영하기 시작했다. 이 시스템은 인터넷 개통부터 설치에 이르는 주요 프로세스를 지원하는 업무시스템과 고객의 불만사항을 처리하는 고객센터의 고충처리업무지원 시스템 등이었다.

하지만 이렇게 구축된 시스템의 기능은 오래 가지 않아 한계를 드러내기 시작했다. 기존의 도매사업 고객군과는 전혀 다른 고객 특성에서 빚어진 문제였다.

우선 일반 고객을 대상으로 하는 소매사업은 고객이 불특정다수로 구성이 되어 있다. 따라서 다양한 가입고객이 생겨나고 이들의 수가 급격히 증가함에 따라 고객 불만 건수와 유형도 급격히 증가했다. 이들의 불만 내용 역시 시시각각 변화하기 때문에 기존의 시스템으로 재빠른 대응을 하기에는 부족한 점이 많았다. 더구나 통신서비스의 특성상 끊임없이 기존 상품과 서비스를 변경하고 신규 상품과 서비스를 발굴해야 했고, 그럴수록 고객의 불만사항 역시 매우 다양한 채널과 유형으로 표출되었다. 또한 정규업무와 달리 고객 불만은 그 유형을 사전에 예측하거나 정형화하기 어려웠다. 이러한 문제점들이 가중되면서 기존의 시스템은 한계를 보였고 결국 가입고객의 불만이 쌓이면서 이들의 이탈을 초래하는 문제로 이어졌다.

이에 K사에게는 고객불만을 신속하게 처리하고 모니터할 수 있는 체계적인 시스템을 구축하는 것이 무엇보다 시급한 해결과제가 되었다. 그 후 K사는 고심 끝에 그 해결책으로 BPM 도입을 고려하게 되었다. 무엇보다 BPM 도입은 장·단기적으로 여러 장점이 있었다. 우선 단기적으로는 고객 불만을 신속하게 처리하고 실시간으로 진행경과를 파악할 수 있으며, 장기적으로는 실적 분석을 통해 고객 불만의 발생 원인과 귀책을 파악해 근본 원인을 제거하는 활동을 전개할 수 있다는 점이었다. 이를 통해서 서비스 품질은 월등히 개선된 것으로 기대되었다.

구축 과정

K사의 BPM 프로젝트는 기존의 프로세스 재정립과 신규 프로세스의 구축이 동시에 병행되었다. 즉, BPM을 통해 기존의 고객 불만처리 프로세스를 변화된 업무에 맞춰 재정립하고 그 밖의 신규 프로세스를

설계하는 프로세스 컨설팅, 프로세스를 통합 관리하는 BPM 시스템 구축이 함께 진행되었다.

프로젝트는 약 6개월이 소요되었으며, K사는 신속한 서비스 제공을 위해 프로젝트를 3단계로 분리해 주요 프로세스 단위로 시스템을 구축, 가동했다. 또한 컨설팅을 통해 고객 불만처리 프로세스를 재설계하고, 새로운 프로세스에 따른 신규 조직 구성방안을 제안했다.

고객 불만처리 프로세스는 고객 불만 사항에 대해 신속한 접수, 통합 처리, 실시간 현황 모니터링과 관리기능이 가능하도록 했다. 처리 완료된 고객 불만 사항은 다양한 통계로 산출되도록 하고, 귀책처리와 이의제기 프로세스를 통해 대리점 성과관리에 반영하도록 했다. 이를 통해 고객 불만의 신속한 처리와 최소화를 추구했다.

무엇보다 고객 불만 사항이란 어느 업무에서나 발생할 수 있기 때문에 불만 처리 프로세스가 K사의 핵심 업무 전반에 걸쳐 연계되어 있다. 따라서 고객 불만 처리 프로세스를 재설계하려면 관련된 핵심 업무 프로세스와 시스템에 미치는 영향도를 파악하고 관계자와 사전 협의를 거쳐야 했다.

구축 효과

K사는 BPM 시스템으로 고객 불만에 대한 신속한 처리와 피드백(Feedback)을 통해 서비스 품질을 개선해갔다. 이로써 고객만족도를 높이고, 나아가서는 큰 골칫거리였던 고객 이탈을 방지하는 효과를 거

두고 있다. 또한 고객 불만 유형과 원인 정보들을 실시간으로 수집해서 서비스 개선을 위한 정량적 정보로 활용함으로써 고객만족도를 더욱 높이는 데 기여하고 있다.

특히 신상품을 신속하게 출시해 가입자 수를 선점하는 것이 주요한 시장에서, K사는 신상품 출시와 더불어 이에 대한 고객 지원 프로세스를 민첩하게 구축할 수 있게 되었다. 이로써 고객 만족도 부분에서도 차별화된 경쟁력을 갖추게 되었다.

교훈

신속한 비즈니스 대응이 필요한 업무에서 BPM을 적용해 경쟁력을 높이는 것은 BPM이 제공할 수 있는 주요 장점 중 하나다. 이에 따라 K사는 빠르게 변경되고 지속적으로 업무가 늘어나는 비즈니스 프로세스에 BPM을 적용함으로써 신속한 비즈니스 대응이 가능하도록 했다. 물론 고객 불만 처리라는 제한된 업무에 적용했지만 BPM이 제공하는 비즈니스 민첩성이 어떻게 활용될 수 있는지 보여주는 유용한 사례라 할 수 있다.

BPM에 의한 프로세스 기반 지식경영 도입 사례

도입 배경 및 목적

글로벌 전자 부품 제조업체인 P사는 경제 환경에 민감한 부품 시장에서 능동적으로 대응할 수 있도록 전사적 경영혁신 활동을 지속적으로 추진해왔다. 그러나 한편으로는 혁신 활동에 의한 프로세스 개선 결과가 체계적으로 관리되고, 운영되지 못한다는 한계를 안고 있었다. 때문에 애써 노력한 혁신의 결과가 실질적인 성과로 나타나지 못하는 문제점이 있었다.

P사는 이와 같은 문제를 해결하고자 BPM 도입을 결정하게 되었다. BPM으로 전사적인 비즈니스 프로세스와 관련된 업무 자산을 체계적으로 정립하고 축적해서 프로세스 중심으로 업무지식을 통합·관리하기로 했다. 이를 통해 모든 임직원이 전사의 자원과 지식을 함께 공유하도록 하겠다는 것이 주요 목표였다.

이는 단지 지식의 축적을 넘어서 비즈니스 프로세스의 표준화와 지속적인 개선이 가능하도록 프로세스 정보를 관리한다는 것을 의미했다. 즉, 프로세스 자산화 시스템(Process Asset Management System)을 구축해 중앙 집중형 프로세스 관리체계를 만들어서, 1회성 프로세스 개선이 아닌 상시 프로세스 혁신(Process Innovation, PI) 체계를 갖추겠다는 것이다.

이를 위해 P사는 프로세스별로 책임자를 선정하고 프로세스 혁신 목표를 수립해 본격적인 구축에 나섰다. 혁신 목표는 변경관리를 통한 지속적인 프로세스 개선체계 구축, 동일한 기준과 형식의 프로세스 표준화, 프로세스 기반의 업무 매뉴얼을 포괄하는 프로세스 자산화 시스템 구축 등이었다.

구축 과정

P사의 프로세스 자산화 시스템 구축 프로젝트는 3개월 만에 1차 오픈을 할 수 있었다. 1차 오픈 당시 발견된 요구사항을 반영해 데이터 검수 과정을 거쳤고, 그 후 전 임직원을 대상으로 한 본격적인 시스템 가동과 프로세스 변화 관리가 시작되었다.

P사는 전체 업무 프로세스와 관련 업무자산을 다음의 세 가지 단계로 자산화했다. 첫째는 동일한 기준과 형식으로 업무 프로세스를 자산화할 수 있도록 표기법(Notation) 및 템플릿을 표준화하고 운영 프로세스를 정의하는 관리정책 수립, 둘째는 프로세스 분류체계를 수립하고 상위 레벨 프로세스 식별 및 속성을 정의하는 상위 레벨 모델링, 셋째는 하위 레벨 프로세스 모델링 및 자산화를 수행하고 전사에 프로세스를 공개해 베이스라인(Base Line)을 수립하는 상세 프로세스 모델링이다.

또한 프로세스 분류체계를 톱다운(Top-Down) 방식으로 구조화해 메가 프로세스(Mega Process)부터 프로세스 체인(Process Chain), 프로세스 그룹(Process Group), 하부 프로세스(Process)까지 4개의 계층으로 정의했다.

특히, 프로세스의 분류체계를 수립할 때에는 전체 구조의 일관성, 균형, 명확화를 위해 다음의 5가지 사항을 고려해 수행했다. 즉, 관리 원칙 수립, 관리 조직 정의, 관리 조직의 구성단위별로 명확한 책임과 역할을 정의하는 R&R(Role & Responsibility) 정의, 프로세스 관련 정보가 현 업무, IT 시스템과 일치되도록 관리하기 위한 변경관리 절차로 구성해 진행했다.

단위 프로세스별로 변경사항이 발생할 때에는 해당 정보의 입력, 수정을 담당하는 프로세스 담당자가 수정한 정보를 검토, 승인하는 프로세스 소유자(owner)를 선정하도록 했다. 특히 이때는 해당 부서별 프로세스 개선을 KPI(Key Performance Indicator)로 관리했다. 프로세스 간사도 지정해 프로세스 변화관리와 개선이 지속적으로 이뤄지는지 모니터링을 하도록 했다. 이로써 지속적인 프로세스 개선활동이 가능하도록 했다.

구축 효과

P사는 BPM 시스템을 통해 업무 프로세스와 관련된 업무 자산을 표준화하고 지속적으로 관리할 수 있게 되었다. 또한 프로세스 개선을 KPI로 관리함으로써 일회성이 아닌 지속적인 PI 활동이 가능한 기반을 마련했다.

또한 프로세스 자산화 수행 시에는 동일한 양식과 표기법(Notation)

을 사용했다. 이로써 사용자 간의 편차나 오해 없이 프로세스를 이해하고 사용할 수 있는, 이른바 상향평준화된 업무 수행 역량을 기대할 수 있게 되었다.

특히 업무 프로세스의 최소 업무 단위(Task)까지 업무 처리 기준과 방법 등을 상세히 기술해 업무 담당자가 변경되더라도 업무지연과 공백을 최소화할 수 있으며, 신입 또는 전입 직원들에 대한 교육 효과 또한 기대할 수 있다.

결론적으로, 프로세스 자산화 시스템 구축을 통해 전체 임직원들이 어떻게 각각의 업무가 작동하고 있는지를 이해할 수 있게 되었고, 프로세스 맵(Map)상에서 수행되는 역할을 알 수 있게 되었다. 특히 프로세스 영역 안에서 성공을 위한 관련 지표를 이해하게 됨으로써 직원들은 자신이 담당한 프로세스들을 개선시키는 방법을 스스로 생각하며 일할 수 있는 기반을 마련하게 되었다.

교훈

P사의 비즈니스 프로세스 자산화 시스템 구축의 성공 비결은 시스템에 의한 중앙집중형 프로세스 관리체계를 구축한다는 명확한 목표 설정에서 찾을 수 있다. P사는 BPM 전문가에 의한 체계적인 프로세스 자산화를 진행했고 전문도구를 활용했다. 이를 통해 프로세스 관리 원칙, R&R, 프로세스 관련 정보 변경 시 필요한 변경관리 절차를 시스템에 구현해 도입했다. 또한 경영진부터 말단 사원까지 프로세스를

이해하고 활용하게 되었으며 끊임없이 변화하는 프로세스를 체계적으로 관리할 수 있게 되었다.

ERP 도입 이후 프로세스 자동화를 위한 BPM 도입

배경과 목적

글로벌 LCD 패널 제조업체인 A사는 ERP 시스템을 도입한 이후 시스템의 고도화 등 지속적인 노력을 통해 혁신활동을 이어왔다. 그러나 기존의 ERP 시스템은 운영과정에서 몇 가지 문제가 나타나기 시작했다. ERP 시스템 내부와 외부시스템 간의 단절된 업무, 수작업 업무의 존재 등으로 인한 문제였다. 이러한 문제를 해결하기 위해 A사는 글로벌 ERP 시스템과 BPM 시스템의 도입을 함께 추진하기로 했다. 이를 통해 완전한 프로세스의 통합과 자동화를 이루고, 혁신 활동에 의한 프로세스 개선 결과가 궁극적으로 업무 시스템에 반영되도록 하는 등의 혁신을 추진하기로 했다.

구축 과정

BPM 시스템 도입이 결정된 후, A사의 최고경영층에서는 BPM에 대한 확고한 믿음과 의지를 표방하며 전폭적인 지원을 약속했다. 이것은 도입 초기에 있을 혼란과 반감을 줄이고 적극적인 프로젝트의 추진이 가능한 원동력이 되었다. 또한 글로벌 ERP 시스템 구축에 참여했던 IT부서와 현업 담당자 다수가 이미 BPM 시스템을 경험한 덕분에 BPM 시스템 도입에는 별다른 어려움이 없었다.

그러나 실제 구축과정에서는 다음과 같은 제약사항이 나타나기도 했다. 첫째, 기존의 BPM 사용 경험자들이 수준 높은 기능 개선 요구사항을 제시했다. 이에 따라 기존 BPM 시스템에 대한 철저한 벤치마킹을 통해 고객의 요구수준을 이해하고 해당 시스템보다 기능이 보강된 시스템 구축에 힘썼다.

둘째, 신규 BPM 솔루션에 대한 사전 기술 검증 요소가 많이 발생했다. 이를 위해 프로젝트 착수 단계 때 업무적으로 사전 정의가 필요한 적용대상 프로세스 우선순위, 결재선 관리, 레거시(Legacy) 연계방식 등의 업무요건에 대한 합의를 도출하고 핵심기능에 대한 프로토타입 진행을 통해 기술제약 사항을 사전에 제거했다.

셋째, 다수의 연계대상 시스템과 관련 팀이 존재하고 관리요소가 증가됨에 따라 공통모듈 적용확대와 예외사항 프로세스에 대한 세심한 관리로 개발생산성 증대, 운영효율성 극대화를 도모했다.

넷째, 신규 도입된 BPM 시스템에 대해 산재된 법인사용자들에 대한 변화관리의 중요성이 높아짐에 따라 핵심 사용자에 대한 교육 강화, 정기적인 형태의 홍보메일 발송을 통한 변화관리를 강화했다.

구축 효과

A사는 BPM을 도입해 다양한 업무 생산성 향상을 달성할 수 있었다. 우선 현업 입장에서는 매번 시스템을 찾아서 해결해야 할 각각의 업무들이 처리할 시점에 하나의 화면에서 제공되므로 즉시 업무를 처리할 수 있는 장점이 있었다. 또, 프로세스 내의 ERP 배치단계를 BPM 시스템이 자동실행하므로 기존에 수작업으로 처리할 때보다 업무 생산성을 대폭 향상시킬 수 있었다.

업무 모니터링 측면에서는 국내 및 해외에 산재한 10여개 법인이 개별적으로 수행하는 결산업무처리를 BPM 모니터링 화면에서 통합모니터링을 할 수 있게 되었다. 특히 상위 프로세스 모니터링 결과를 하위 프로세스, 상세 업무 단위까지 추적할 수 있게 됨으로써 지연 또는 오류가 발생하는 업무에 대해 실시간으로 원인을 파악할 수 있게 되었다.

비즈니스 프로세스 통합관점에서는 ERP 시스템과 타 시스템을 하나로 묶어서 프로세스의 시작부터 종료까지 전체 단계의 모니터링이 가능해졌다. 이에 따라 전체 업무 생산성 측면에서 누락 없이 업무진행이 빨라지고, 실행되는 전체 프로세스를 손쉽게 모니터링함으로써 지속적인 프로세스 개선에 대한 토대를 제공해준다.

교훈

A사는 ERP 도입 이후 결산 프로세스에 BPM 시스템을 구축, 적용

함으로써 신속하고 정확한 결산처리가 가능하도록 했다. 특히 A사와 같은 글로벌 기업에 있어 여러 해외법인을 포함한 신속한 결산처리는 글로벌 전략 수립과 시장 대응에 있어 필수 과제다. 바로 이러한 점을 BPM 시스템으로 통합, 자동화함으로써 해결할 수 있었다.

이와 같이 ERP 구축 이후 신속한 처리나 단위 업무 통합이 필요한 프로세스 영역에 대해 BPM 시스템을 적용해 완전한 프로세스 통합과 관리 시스템을 구축할 수 있다. 이것은 이른바 Post ERP로써 BPM 시스템의 활용 방안을 확인할 수 있는 사례다.

공공기관의 서비스 품질 개선을 위한 BPM 도입사례

도입배경 및 목적

정보기술의 급속한 발전과 인터넷 이용이 보편화되기 시작한 2000년 무렵, 기업의 경영환경은 큰 변화를 맞게 된다. 이는 공공기관의 경우도 예외가 아니어서 국민들의 행정수요가 점차 다양해지고 정밀화되는 변화를 보이기 시작했다. 이에 따라 당시 많은 공공기관에서는 공급자 중심의 일방적, 획일적 행정서비스를 쌍방향이나 맞춤형의 수요자 중심으로 바뀌나갔다. 특히 민원처리와 같은 업무는 국민과 직접 맞닿는 행정 서비스로써 행정 고객의 신뢰와 직결되는 중요한 업무영역이었으므로 이러한 변화에 민감했다.

A기관 역시 국민, 개인과 기업을 대상으로 여러 민원 서비스를 제공하는 곳으로써 변화에 발맞춰야 한다는 요구가 높아지고 있었다. 무엇보다 법규와 경제적 관련성이 높은 민원과 상담, 예약 서비스가 시행되고 있는 곳이었으므로 무엇보다 신속한 처리와 투명성이 중요했다. 그러나 당시 A기관에는 민원 서비스 제공이 여러 부서에 산재되어 있고, 수작업에 의한 업무 처리로 인해 신속성과 투명성이 보장되지 않는 문제가 산재해 있었다. 이는 특히 민원인의 불편으로 이어졌다.

이에 A기관은 신속, 정확, 투명이라는 세 가지 행정 편의를 달성하자는 목표를 세우고 VoC(Voice of Customers, 고객의 소리) 시스템 구축사업을 전개하기로 했다. VoC는 앞서 지적되었던 민원처리의 불편함을 해소하고 행정 서비스 혁신과 높은 수준의 민원 서비스를 제공해 고객만족도를 극대화한다는 것에 목표를 두었다.

이러한 고수준의 VoC 시스템을 구축하기 위한 효과적인 방안으로 거론된 것이 바로 BPM의 도입이었다. BPM은 프로세스의 통합과 자동화, 최적화를 이루고 이를 통해 신속한 민원처리를 가능하게 한다. 또한 모니터링은 각 진행 단계를 민원인에게 안내하는 투명성을 제공한다는 측면에서 BPM은 공공기관의 민원업무처리와 자연스럽게 잘 부합했다. 즉, A기관은 BPM을 도입함으로써 온 · 오프라인 민원에 대한 채널통합과 함께 표준화된 절차에 따라 효율적인 민원 대응이 가능하도록 새로운 체계를 세우기로 했다. 또한 이를 통해 민원에 대한 정확한 분석과 개선방향을 수립해서 고객 만족도를 획기적으로 향상시키기로 했다.

구축 과정

A기관의 VoC 구축을 위한 BPM 프로젝트는 무엇보다 경영층의 의지가 확고했고 이를 통해 고객만족경영과 함께 대고객 프로세스 관리의 효율을 높이겠다는 분명한 목적의식에서 출발했다.

VoC 시스템 구축은 다음과 같이 두 번에 걸쳐 단계적으로 진행되었다. 첫째, 정보화전략계획의 수립 단계에서 고객지향 행정 업무 수행을 위한 기본 전략을 수립하고, 이에 따라 서비스 기반 조성, 고객서비스 확대 단계로 추진되었다.

둘째, 분석단계에서는 고객 중심의 업무 개선 활동이 일어날 수 있는 프로세스 혁신을 작업을 선행하고 혁신된 프로세스의 표준화, 자동화를 BPM 시스템으로 구축했다.

이로써 BPM 시스템을 이용해 기존의 온·오프라인 업무 프로세스를 표준화, 통합화했으며, BPM 시스템의 확장으로 표준화된 프로세스에 기반한 VoC 종합관리 시스템을 효과적으로 구축했다.

VoC 종합관리 시스템은, A기관 홈페이지에서 이원화되어 각각 제공되는 채널, 참여마당, 신문고 등의 VoC 서비스 영역을 통합하고 처리절차를 표준화해 채널의 변동, 인사이동 등의 환경변화에 효과적으로 대응할 수 있도록 했다.

온라인뿐만 아니라 오프라인 민원의 적극적인 수렴과 대응을 위해

오프라인 VoC 처리 프로세스도 구현했다. 이로써 BPM 시스템을 통해 일관된 온라인 업무처리가 가능하도록 했다.

또한 BPM 시스템의 모니터링 기능을 적극 활용해 민원처리의 각 단계 완료 시, 고객에게 SMS, 이메일 등으로 알려 주는 "알리미 서비스"를 실시해 고객 만족도가 향상되도록 했다.

그림 3-11 K기관의 VoC 시스템 개념도

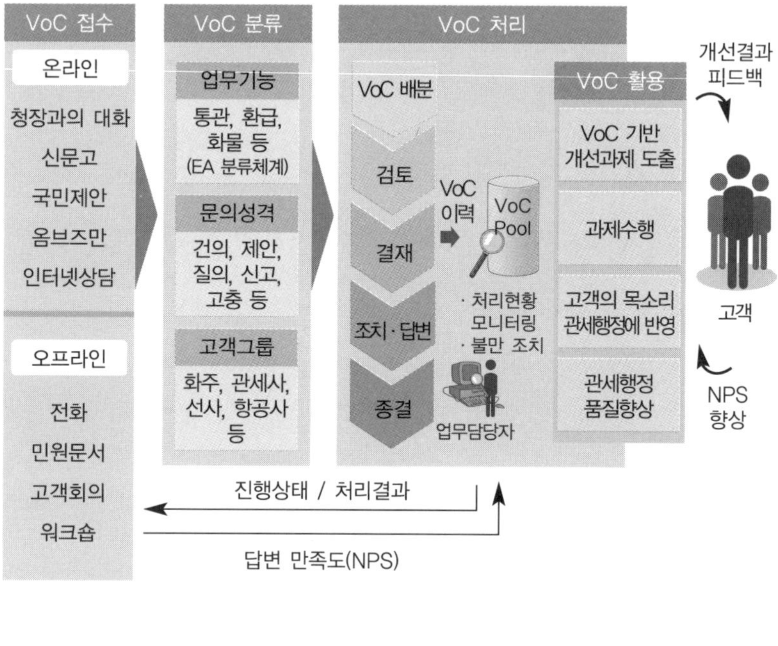

구축 효과

K기관의 BPM 시스템은 여러 업무 영역과 온·오프라인으로 산재

되어 있던 민원처리 업무를 표준화된 프로세스로 통합해 관리할 수 있도록 해주었다. 이것은 K기관이 환경변화에 유연하게 대처할 수 있는 시스템 유연성을 높여주었다.

온라인뿐만 아니라 오프라인과 외부시스템에 등록되는 다양한 고객의 소리(VoC)를 통합해 관리할 수 있게 됨으로써, 정확한 업무혁신 활동을 수행할 수 있는 기초 데이터를 수집할 수 있게 되었다. 이는 관리자들이 업무현황을 전체적으로 파악해서 대고객 행정 업무활동을 개선시키는 효과로 이어졌다.

교훈

K기관의 BPM 프로젝트는 공공기관의 BPM 도입 성공사례로써 특히 주목을 받고 있다. 공공기관의 BPM 도입은 그만큼 어려움이 많이 따르기 때문이다. 그럼에도 K기관이 성공할 수 있었던 주된 이유는 경영혁신에 대한 경영층의 강한 의지와 리더십, 그리고 업무 혁신 도구로써 BPM을 민원 업무처리 프로세스에 조화롭게 적용한 응용 전략이 주효했기 때문이다.

이는 경영층과 프로젝트 리더급들에서 BPM에 대한 이해를 정확히 하고 있었던 덕분이었다. 만약 이들이 BPM을 제조 공정 프로세스의 최적화 도구로만 여겼다면 이와 같이 성공을 기대하기는 힘들었을 것이다.

즉, BPM은 시스템 관점에서 도입되고 독자적으로 운용될 수 있는 시스템이 아니라, 고객의 비즈니스적인 이슈를 개선하고 업무 효율성을 높이려는 비즈니스 목적과 부합해 적용되고 활용되어야 그 효과를 얻을 수 있다.

경쟁력 강화를 위한 전략적 BPM 도입 사례

도입 배경 및 목적

A사는 국내 최대의 가맹점 네트워크와 회원을 가진 신용카드사로, 2005년 무렵 대대적인 변화를 맞게 된다. 당시는 카드대란으로 위축되었던 신용카드 시장이 다시 활성화되면서 그 어느 때보다도 시장 경쟁이 치열해지는 시기였기 때문이다.

이에 A사는 기업 이미지 쇄신과 경쟁력을 극대화할 수 있는 전략적인 투자를 결정하기에 이른다. 그 방안으로써 프로세스 역량의 최적화, 6시그마 수준의 품질 확보, 회원사 대상의 정량적 품질 기반 서비스 제공을 주요 목표로 세우고 추진하기로 결정했다.

그러나 실행을 앞두고서 선행되어야 할 일이 있었다. 바로, 신용카드 업무 프로세스의 재정립과 프로세스 성과의 정량적 측정 기반, 그리고 최적화된 프로세스 관리 체계의 마련이었다. 이를 기반으로 종합적인 혁신 인프라를 갖춤으로써 프로세스 자체에 임직원의 업무 역량이 내재화되고 체계적으로 관리되도록 해야 한다는 것이었다.

A사는 고민 끝에 그 방안으로써 BPM 도입을 결정하기에 이른다. BPM은 여러 모로 장점이 많은 시스템이었다. 업무 자산의 종합적 관리와 프로세스 수행의 투명성과 신속성을 보장하며, 업무 수행성과의 측정 기반을 제공하는 데 있어서 가장 적합한 솔루션이었다. 따라서 BPM 도입은 업계 최고 수준의 비즈니스 프로세스 자산을 구축하고 활용할 수 있는 체계를 만드는 시도로써 의미 있는 도전이었다.

구축 과정

A사의 프로젝트는 프로세스 관리 전략을 수립하기 위한 컨설팅부터 시작되었다. 우선, 기존의 프로세스 자산을 기반으로 활용하는 변

그림 3-12 A사 BPM 도입 프로젝트 일정

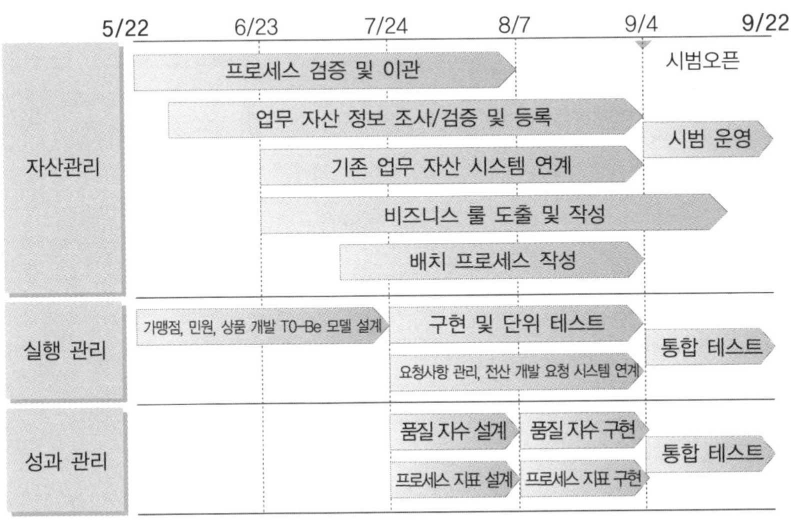

화관리와 BPM 컨설팅이 시작되었고 이어서 전문 솔루션 구축을 위해 외부 전문가가 영입되었다. 이들의 전체 프로젝트는 시범 운영을 포함해 그림 3-12와 같이 약 4개월 동안 진행되었다.

이러한 A사의 BPM 구축 프로젝트는 크게 4가지 범위로 요약된다. 첫째, 업무 자산을 통합하는 프로세스 자산 공유 체계의 구축, 둘째, 프로세스 자동화 적용 모델 시범 구축, 셋째, 프로세스 측정 모델 수립 및 시범 구축, 넷째, 프로세스에 의한 성과관리 및 확산 계획 수립이다.

그림 3-13 A사의 BPM 시스템 구축 범위

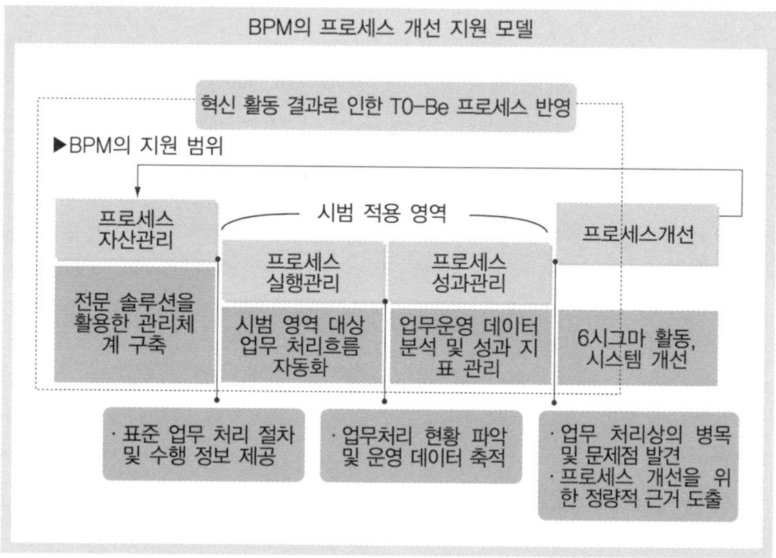

프로세스 자산관리는 업무 자산을 통합하는 프로세스 자산의 공유 체계를 구축하는 것이다. 이를 위해 업무 특성별로 차별화된 업무 매뉴얼의 속성을 정의하고, 프로세스 관리 전략을 수립해 컨설팅 사업에서 확보된 프로세스 맵(Map)과 업무 속성의 입력 작업을 수행했다. 또한 수집된 프로세스 자산이 지속적으로 관리될 수 있도록 변경 관리 체계를 수립해 시스템에 적용했다.

프로세스 실행관리는 프로세스 자동화를 통해 업무 처리 현황과 운영 데이터 축적을 가능케 하는 것이다. 프로세스 실행관리 시범 구축은 적용 타당성이 검토된 상품개발, 고객민원처리 프로세스에 대해 향후 프로세스를 설계하고 이를 시스템화했다. 또, 표준 연계 모듈을 개발해 실행관리 확산 시에 업무 시스템과 효율적으로 연계될 수 있도록 했다.

프로세스 성과관리는 프로세스 측정 모델의 수립과 시범 구축과정이다. 프로세스 측정 모델의 범위는 자동화 적용 대상 업무의 성과 지표 선정과 구현, 조직별이나 업무유형별 평가를 위한 통계 보고서, 품질 지수 구현을 주요 범위로 했다. 또한 6시그마와 BSC 측정과의 연계 모델 수립을 통해 프로세스 역량의 정량적 측정 기반을 마련했다.

전사 확산 계획 수립은 프로세스 실행관리, 성과관리가 시범적으로 적용된 업무의 성과를 측정해 프로세스 개선에 대한 검증을 수행할 수 있는 체계를 수립하는 것이다. 이는 향후 확산 대상 프로세스를 선정했다.

구축 효과

첫 번째 구축 효과는 프로세스 자산관리가 가능해진 점이다. 신용카드 업무 자산을 시스템으로 체계화해 기존 업무 관리 방식을 선진화함에 따라 업무 적응을 위한 낭비 비용 감소가 가능했다. 이를 정량적으로 계산하면 약 30% 감소 시, 연간 약 5억9천만 원의 금액적 효과가 있는 것으로 나타났다. 또한 업무 정보와 자원의 신속한 접근을 통해 프로젝트 수행 시에 중복되었던 현행 업무 분석 작업을 제거할 수 있었다. 이로써 약 2억3천만 원의 효과를 기대할 수 있었고 실명에 기반한 업무 변경 이력의 기록 방식을 정착시켰다.

두 번째 구축 효과는 프로세스 실행관리의 정착이다. 표준화된 업무절차를 수립하고, 업무흐름 자동화와 운영 관리가 가능한 실행관리를 구현할 수 있게 되었다. 이로써, 시스템에 의한 표준화된 업무 진행, 효과적인 업무관리와 통제, 작업 산출물의 체계적인 관리 및 활용이 가능했다.

세 번째 구축 효과는 프로세스 성과관리의 정착이다. 성과관리의 시범 적용을 통해 프로세스 측면의 성과 측정에 대한 표준 모델을 수립함으로써 지표 설정 및 측정에 대한 확산이 가능해졌다. 이는 정확하고 투명한 품질 수준 관리를 통해 개선의 정량적 근거 파악 및 효과 검증이 가능하도록 해주었다.

교훈

A사는 동종업계에서 최초로 BPM 시스템을 도입했다. 이를 통해 치열한 경쟁 상황에서 우위를 차지하고자 노력했으며, 3년이 지난 현재에는 성공적인 도입 사례로 평가되고 있다.

이러한 성공은 A사가 경쟁 시장에서 분명한 경영전략을 가지고 있었고, 경영전략을 실천하기 위한 수단으로써 BPM을 도입했다는 점이 주효했다. 즉, BPM 도입 목적이 분명했고, 도입 목적 달성을 위해 BPM 적용 범위를 적절하게 조절했다. 예를 들어 임직원의 프로세스 역량 확보를 위해 BPM에 의한 프로세스 표준화, 자산화를 추진했고 신속한 업무처리가 필요한 업무에는 BPM의 프로세스 자동화를 적용했다.

'필요는 발명의 어머니'라는 격언처럼 막연한 도입이 아닌 구체적 전략과 목표가 있을 때 BPM은 더욱 유용한 도구로써 가치를 발휘하게 되었다.

지속적 혁신체계 마련을 위한 BPM 도입

도입 배경 및 목적

식음료 분야의 선두기업인 J사는 지속적인 혁신과 새로운 전략 마련의 필요성을 느끼기 시작했다. 경쟁 상황이 치열해지고 있는 식음료 시장은 기업에 강력한 변화를 요구하고 있었고 기업들은 다양한 혁신 활동과 해외 시장 진출 등으로 변화를 모색하고 있었다.

당시 J사는 ERP를 도입한 이후 지속적인 혁신 기반을 마련하기 위해 6시그마를 추진하고 있었다. 그러나 한편에서는 비즈니스 프로세스에 대한 근본적인 점검과 개선에 대한 필요성이 제기되고 있었다. 즉, J사가 추진하는 6시그마 활동은 글로벌 기업으로 성장하기 위한 저비용, 고효율의 선진 프로세스로 이어지기에는 어려움이 있는 것으로 평가되고 있었다.

그 이유는 이러했다. 첫째, 비즈니스 프로세스에 대한 정보가 축적되어 있지 않아 매번 프로세스 분석에 너무 많은 자원이 낭비되었고, 둘째, 6시그마에 의한 프로세스 혁신 결과를 실제 업무에 반영하기가 쉽지 않다는 점, 셋째, 전사 차원의 관리 부재로 프로세스별 책임자에 의한 지속적인 프로세스 혁신이 이루어지지 못하고 있었다.

이에 J사는 기존 6시그마 기반의 프로세스 혁신을 정착하고 프로세스 실행에 의한 전략을 달성하기 위한 방안으로써 BPM 도입을 결정하게 된다. 즉, 다음의 그림과 같이 BPM 기반의 프로세스 혁신 사이클(Cycle) 체계를 구성하기로 했다.

BPM 도입에 따른 프로세스 혁신 사이클은 3가지의 축에 의해 운영된다. 먼저 프로세스 자산화 영역에서 전사 프로세스의 가시화를 통한 근본적 개선 기회의 발견에 중점을 두고, 개선과제의 우선순위와

그림 3-14 J사의 프로세스 혁신 사이클 체계

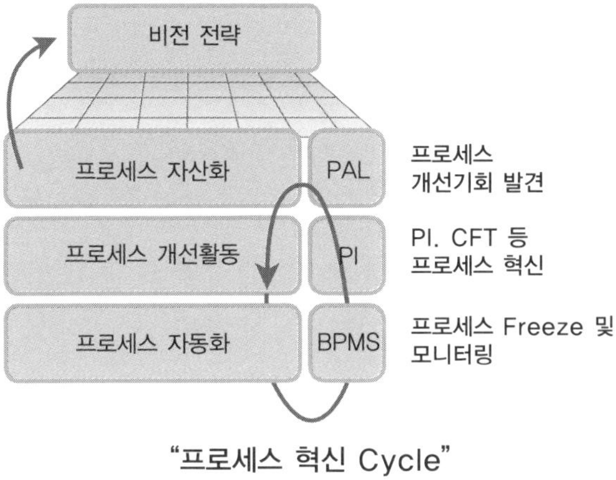

특성에 따라 각 주체에 의한 프로세스 혁신 활동을 수행하게 된다. 그리고 도출된 개선 모델에 따라 프로세스 영역에 대해서는 BPM 시스템을 적용해 프로세스를 자동화했다.

이로써 J사는 향후 10년을 위한 준비로써 지속적인 프로세스 혁신 체계를 구축하고자 했으며, 이를 통해 회사의 비전과 전략의 실행력을 강화하는 것을 목표로 세우게 된다.

구축 과정

J사는 BPM 도입 초기부터 전사적인 관심 및 공감대 형성을 중요시했다. 이에 따라 BPM 도입 컨설팅과 파일럿 구축을 외부 전문가와 공동으로 먼저 추진하기로 했다. 프로젝트의 첫 단계는 4개월의 컨설

그림 3-15 J사의 BPM 도입 절차

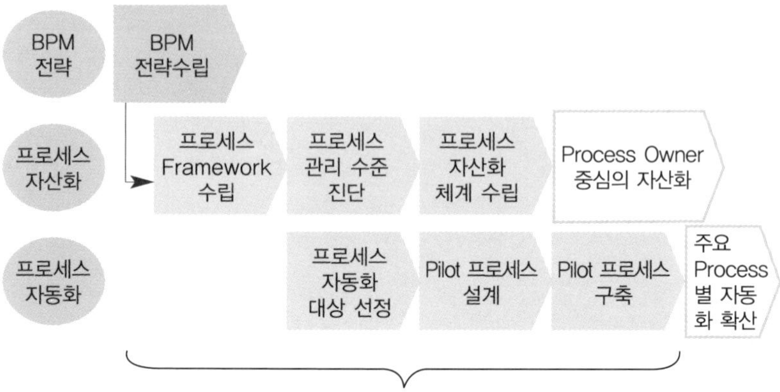

팅 기간을 포함해 약 6개월 동안 진행되었다. 이 과정에서는 파일럿으로 구축한 핵심 프로세스 몇 가지를 중심으로 BPM 시스템의 구축이 진행되었다.

전체적으로 J사의 프로젝트는 크게 3가지 분야로 구성되었다. 전사적 BPM 도입을 위한 BPM 전략 수립, 전사 프로세스의 자산화, 자동화 영역이 그것이다.

J사는 전략 수립 단계에서 각 사업본부별로 BPM 추진에 대한 공통적인 키워드를 도출하고 추진 필요성을 설득하는 과정을 중요시했다. 이는 J사의 사업 특성상 각 사업본부별로 비즈니스 구조 및 가치사슬이 상이하기 때문이었다. 즉, 전사적인 추진을 위해서는 서로 공감할 수 있는 공통분모를 가지고 커뮤니케이션 하는 것이 필수적이었다.

때문에 프로세스 자산화의 초기 단계에서는 본부별 비즈니스의 특성을 비즈니스 프로세스 아키텍처에 어떻게 일관되게 반영할 것인가에 대한 이슈가 발생하기도 했다.

한편 프로젝트에 투입된 컨설턴트들은 자산화를, 현업 중심으로 이행하기 위한 체계와 방법론을 설계하는 역할을 주로 수행했다. 그 이후에 이어지는 실질적인 프로세스 자산화 과정에서는 전사 프로세스 책임자(Process Owner)들을 중심으로 추진되도록 했다. 또한 이 과정에서 도출되는 산출물은 프로세스 자산 관리 솔루션에 탑재되도록 설계되었다.

프로세스 자동화 영역은 동일 산업에서 자동화의 효과가 확실하게 검증이 되지 않은 상태에서 추진되는 것이었다. 때문에 대상 프로세스의 선정과 벤치마킹 과정이 중요하게 수행되었다. 또한 자산화 과정에서 도출된 프로세스를 기준으로 현업들에 의한 대상 프로세스의 선정 과정도 신중하게 진행되었다. 이어지는 실질적인 프로세스 자동화 과정에서는 개선된 프로세스로 자동화하기 위한 상세 프로세스 설계 작업이 컨설턴트에 의해 수행되었다.

현재 J사는 프로젝트의 단계적인 확산 계획에 따라 자산화와 자동화 영역에 대해 전사적인 BPM 확산을 계획하고 있다. 또한 효과 검증을 통해서 J사만의 BPM 모델을 다른 계열사에도 확산할 계획을 가지고 있다.

구축 효과

J사가 BPM의 추진을 통해 가장 기대하는 것은 '저비용 고효율의 선진 프로세스 확보'다. 그동안 J사는 시스템과 경영 체계의 혁신에 대한 과감한 투자로 국내에서 선도 기업으로서 위상을 다져왔다. 그러나 여전히 글로벌 기업에 비해 프로세스의 효율성이 낮은 것으로 판단하고 있다. 이를 개선하기 위한 혁신으로써 프로세스 자산화의 과정을 통해 프로세스에 대한 근본적인 점검을 수행했으며, 특히 자동화의 과정을 통해서 시스템적으로 선진 프로세스가 정착되는 것을 목표로 추진했다.

BPM 도입의 효과를 보다 구체적으로 살펴보면, 전사 프로세스 표준의 정립과 절차, 조직의 역할과 책임 명확화로 부서 간의 원활한 업무 협조, 정보 공유 체계 정착의 기반을 수립했다. 이를 통해 프로세스에 의한 체계적인 운영이 가능한 인프라를 마련했다. 특히 이 과정에서 그동안 산재해 있던 프로세스의 불합리한 측면과 낭비 요소들이 제거되고 자동화되었다.

교훈

J사는 글로벌 경쟁력을 갖추기 위한 중요 요소로 프로세스 경쟁력에 주목했다. 글로벌 수준의 프로세스 경쟁력을 갖추기 위해 체계적으로 BPM 도입방안을 검토하고 실행에 옮겼다. 특히 BPM 도입에 있어

경영층의 구체적이고 상세한 리더십 발휘는 J사가 시작부터 BPM을 정확하게 이해하고 활용할 수 있었던 주요 성공요소가 되었다. 즉, 프로세스 자산화로 프로세스를 정비하고 표준화한 후, 일부 핵심 프로세스에서 시작해 점진적으로 자동화 범위를 넓혀갔다. 이로써 위험요소는 최대한 낮추면서 장기적인 관점의 프로세스 혁신체계를 갖출 수 있게 되었다.

제 4 장

성공적 프로세스 경영의 구현 방법론

앞서 프로세스 경영을 구현 내용과 성공요소까지 살펴보았다. 이번 장에서는 프로세스 경영을 구현하기 위한 구체적인 방안에 대해 설명하도록 한다.

01 프로세스 경영의 구현 절차

프로세스 경영의 기초

프로세스 경영의 구현 방법론을 언급하기 위해서는 다시 한 번 프로세스 경영의 프로세스 라이프 사이클을 살펴볼 필요가 있다.

그림 4-1 프로세스 라이프 사이클(출처: Gartner, 2006년)

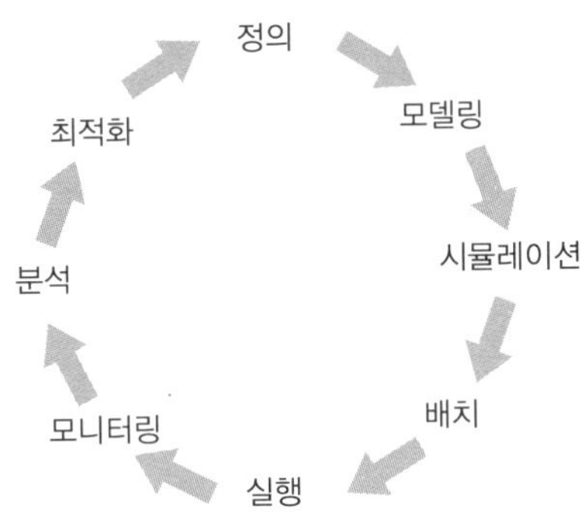

위의 그림에서 보듯이 프로세스의 라이프 사이클은 프로세스의 정의, 모델링으로부터 출발해서, 실행과 모니터링, 분석으로 이어진다. 이것이 중요한 것은 프로세스 경영을 구현하는 방법도 위의 프로세스 라이프 사이클을 따라 이루어지기 때문이다.

프로세스 경영의 절차

비즈니스 프로세스 경영은 각 사용자나 부서에게 프로세스를 항시 설계할 수 있게 하고, 이에 필요한 기법을 제공하는 것이다. 때문에 비즈니스 규칙, 행동, 이벤트 등을 관리할 수 있는 기초적 해법이 필요하다.

그러나 아무런 준비 없이 바로 프로세스를 정의, 모델링하는 단계로 들어설 수는 없다. 특히 프로세스 경영 도입이 성공적이기 위해서는 프로세스 경영의 목표를 명확하게 수립할 필요가 있다. 명확한 목표 설정은 문제 해결을 위한 핵심 프로세스를 선택하게 만들고, 프로세스 결과에 대한 정량적 측정을 유도하게 만든다. 따라서 프로세스 경영을 구현하기 위해서는 현안 과제를 해결하기 위한 목표와 방향성을 설정하기 위한 '전략 수립' 단계가 먼저 필요하다.

그 다음은 '계획 수립' 단계다. 프로세스를 표준화하고 구체적으로 명시화하는 모델링 단계를 거쳐야 한다. 이후에도 생명주기에 따라 프로세스 실행을 구현하는 '프로세스 통합과 자동화', 모니터링 및 분석을 구현하는 '프로세스 성과관리' 단계를 통해 프로세스 경영을 구축하게 된다.

물론 '전략 수립'부터 '프로세스 성과관리'까지 순차적 단계는 '지속적인 프로세스 개선' 단계로 이어져야 한다. 이 모든 일련의 과정 속에는 프로세스 경영의 조직문화를 확산하고 조직의 참여를 만들어내

그림 4-2 프로세스 경영 구현 절차

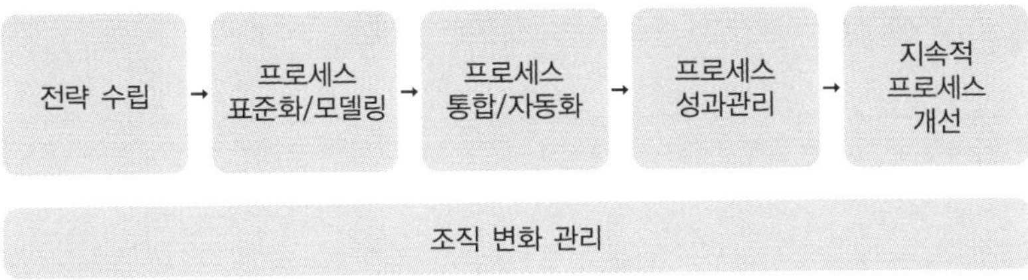

기 위한 '조직 변화 관리'가 필요하다.

그림 4-2는 프로세스 경영을 구현하기 위한 주요 흐름을 도식화한 것이다. 만약 프로세스 경영의 도입을 고민하는 경영진이나 실무자들이라면 위의 절차를 잘 이해할 필요가 있다. 다음 장부터는 각 단계별로 세부적 내용을 설명하겠다.

02 프로세스 경영의 전략 수립

전략 수립의 중요성

프로세스 경영의 전략 수립은 프로세스 경영을 도입함으로써 얻고자 하는 요구사항을 분석하는 과정이다. 이때는 프로세스 경영의 기술동향과 업체 분석, 선진사례와 유사사례 분석을 수행함으로써 프로세스 경영의 목표와 방향성을 설정하게 된다.

무엇보다 프로세스 경영을 도입하려면 그 도입의 타당성을 뒷받침하기 위한 대 · 내외적인 명확한 목표가 수립되어야 한다. 때문에 프로세스 경영의 목표는 현재 기업의 최대 관심사 및 문제 해결에 맞추어져야 한다. 이것은 프로세스 경영의 목표가 기업의 전략 실현에 이바지해야 함을 의미한다. 따라서 올바른 목표 수립을 위해서는 프로세스 경영에 대한 이해를 대전제로 해야 함은 물론이다.

앞서 제1장에서 프로세스 경영의 목표로 비즈니스 민첩성 확보, 고객 만족도 증가, 생산성 향상, 품질개선, 비용절감, 규정 준수 및 통제 등을 설명한 바 있다.

목표 수립은 당연한 이야기처럼 들리지만 저자의 경험상 많은 기업들이 프로세스 경영의 목표를 구체적이고 분명하게 수립하지 않고,

단지 프로세스 혁신 또는 경영혁신이라는 대전제만을 언급하는 경우가 많다.

하지만 목표 수립은 프로세스 경영에 대한 투자의 정당성을 부여하고 동기를 유발하기 때문에 더욱 중요한 실천 사항이다. 특히, 구체적인 목표의 설정은 문제 해결을 위한 핵심 프로세스를 선택하게 만들고 프로세스 결과에 대한 정량적 측정을 유도하게 만든다.

물론 기업의 전략이 수시로 바뀌듯이 프로세스 경영의 목표 또한 변경될 수 있다. 변경을 통해서 진화를 거듭할 수 있다. 따라서 프로세스 경영의 목표는 고정된 것이 아니라 하나씩 성취해 가는 과정으로 여겨야 한다. 또한 수시로 비즈니스 전략과 일치성이나 목표 달성 여부를 확인해 수정해 나가야 한다.

프로세스 경영 목적의 다양성

프로세스 경영, 즉 BPM은 실로 다양한 기능을 기업에 제공하며, 기업은 BPM의 기능 중 기업의 현재 상태를 고려해 필요한 기능을 선별적으로 수용한다. 실제로 프로세스 경영을 도입하는 기업의 목적은 모두 다르다. 국내 기업들이 BPM 프로젝트를 통해 프로세스 경영을 하는 목적을 살펴보면 크게 다음과 같이 요약될 수 있다.

첫째, 프로세스 성과 관리를 통한 프로세스 개선이다. 전사적인 비즈니스 프로세스에 대한 성과를 관리해 프로세스의 개선을 도모한다. 프로세스의 성과는 주기적으로 측정되어 모니터링하고 통제되며, 전략 실현에 문제점이 발생한 프로세스는 개선 과정을 거치게 된다. 프로세스 개선은 6시그마 프로젝트와 연계해 진행하는 경우도 있다.

둘째, 프로세스의 자동화다. 생산성 향상, 인적 자원 공유, 프로세스 공유를 위해 전사적으로 BPM 실행 모듈을 도입한다. 표준화된 프로세스 부재로 인한 비효율성을 개선하기 위해 프로세스를 표준화시키고 표준화된 프로세스를 빠른 시간 안에 정착시키기 위해 업무 프로세스 자동화 시스템을 도입하기도 한다.

셋째, 프로세스 기반의 지식 관리다. 일반적으로 지식 관리 시스템은 업무 프로세스와 연계해 설계되지 않는다. 업무와 동떨어지게 작성된 지식 맵으로 인해 지식 관리 시스템의 활용도가 떨어지게 되는 경우, 업무 프로세스와 지식 관리 시스템을 연계해 지식 관리 시스템을 활성화시킨다. 즉, 업무 수행 시 업무와 관련된 지식 검색을 별도로 수행할 필요 없이 관련 지식을 자동으로 제공한다든가, 업무가 완료되면 업무 산출물을 필요 지식 저장고에 자동으로 저장한다든가 하는 것이다. 일반적으로, 전사 업무 프로세스를 대상으로 적용한다.

넷째, 프로세스 기반의 IT 시스템 통합이다. 기업 내부 업무 시스템 통합에 의한 업무 효율화와 B2Bi에 의한 기업 외부의 협업과 프로세스 통합을 추구한다.

다섯째, 프로세스의 표준화와 변화 관리다. 프로세스 표준화 미비로 인해 혼선을 빚고, 이로 인해 업무 효율성이 떨어지는 기업은 BPM

을 통해 프로세스 표준화를 수행한다. 표준화된 프로세스는 웹상에서 공유되며 업무 담당자는 누구나 쉽게 접근해 업무 수행에 필요한 정보를 획득한다.

업무 수행 정보는 해당 업무에 대한 정보, 선후행 업무와 담당자, 업무 수행 산출물, 업무 수행에 필요한 양식과 매뉴얼, IT 시스템 정보 등, 디지털화 되어 있는 모든 사내·외 정보를 원 클릭으로 조회할 수 있다. 즉, 사내·외 업무 관련 정보를 모두 업무 프로세스 중심으로 재편해 업무 수행 효율을 높이는 것이다. 또한 프로세스의 변경이 발생할 경우, 변경된 프로세스의 라이프 사이클 관리 기능을 제공하게 된다.

여섯째, 품질경영 활동 지원이다. ISO 9000 등의 품질경영이 기업 업무에 핵심적인 역할을 할 경우, 품질경영 지원을 위해 BPM을 도입한다. 최근의 품질보증 스펙은 BPM의 프로세스 경영과 밀접한 관계를 가지고 있으며, 단순하게 인증을 받는 과정을 편리하게 하기 위해 BPM을 도입하기보다는 기업의 실질적인 품질경영 활동을 위해 BPM 도입이 증가하는 추세이다.

일곱째, 위험 및 이벤트 관리다. 위험이나 이벤트 관리를 위해 BPM을 활용한다. 위험 또는 이벤트 관리의 기본적인 개념은 이벤트 관리를 위한 프로세스를 미리 표준화해 특정 이벤트가 발생할 경우, 자동으로 관리 프로세스를 실시간 실행시키는 것이다. 관리 프로세스 실행중의 업무 처리를 모니터링하는 것은 물론, 위험 및 이벤트 관리

지표를 설정해 처리 결과에 대한 성과 평가를 수행한다.

여덟째, 프로세스 모니터링, 성과지표 모니터링이다. 프로세스의 진행 상황이나 성과지표를 모니터링해 기업의 실시간 정보를 수집하고 처리한다. 모니터링된 결과는 프로세스 개선에 활용될 수 있다.

이와 같은 프로세스 경영의 목표는 사용자의 요구조건에 따라 다양할 수 있기 때문에 면밀한 검토에 의해 도출해야 한다.

프로세스 경영의 목표와 방향성 설정

프로세스 경영의 목표와 방향성을 설정하기 위해서는 다음과 같은 작업이 필요하다.

첫째, 경영환경 및 현황 분석, 둘째, 요구사항 분석, 셋째, 프로세스 경영의 구현 기술 동향 및 사례 분석이다.

경영환경 분석

경영환경 및 현황 분석이란 현재 기업의 비전, 사업 목표, 사업 전략, 기업의 내·외부 환경 및 업무 환경을 이해하는 것이다. 이를 통해 프로세스 경영의 추진 배경을 분석함으로써 프로세스 경영의 방향성을 정립하기 위한 기초를 만든다. 특히, 경영 환경, 사업 환경, IT 환경 등은 프로세스 경영을 도입함에 있어서 밀접한 관련이 있는 사항들이므로 관심을 두고 분석하는 것이 필요하다.

우선 현재 경영환경의 주요 특성 및 추이를 파악하기 위해서 주요 고객, 제품과 서비스, 시장, 협력업체 등의 다양한 측면에서 자료를 수집해 분석한다.

주요 고객이란 고객 영역, 고객의 특성, 재구매율 등을 말하며 제품과 서비스란 제품과 서비스의 종류, 기술력, 품질, 인지도, 매출액, 이익률 등을 말한다. 시장이란 시장점유율, 기업과 브랜드 이미지, 기업 인지도 등이며 협력업체는 파트너 구성현황, 파트너와의 관계 등을 말한다. 기타로는 조직구조, 경영실적, 자원, 경쟁사 정보 등이 있다.

사업환경 분석은 시장, 경쟁사, 자사 등의 주요 현황 및 추이를 파악하고 기업의 강점, 약점, 기회, 위협요소를 분석하는 것이다. 또한 정책의 변화 및 규제에 대한 분석과 산업 및 IT 동향에 대한 분석을 해 경영환경과 정보환경을 이해함으로써 BPM 도입의 방향성을 정립하기 위한 기초로 삼는다. 이때는 정책 및 규제의 분석, 산업 동향, IT 동향 분석 등이 포함된다.

IT 환경 분석은 고객사에서 현재 업무 수행을 위해 사용하고 있는 IT 기반 현황을 파악한다. 특히 ERP, SCM, CRM 등의 경영혁신 활동을 위한 IT 시스템의 구축 여부와 현황을 파악해, 향후 프로세스 경영과의 조합 방향과 협력 가능성 여부를 확인한다. 정보화 업무를 담당하는 조직과 인력 현황도 함께 파악해, 추후 프로세스 경영 구현 시 활용 가능한 인력 규모를 추정한다.

이와 관련해서는 경영혁신과 관련해서 도입, 사용중인 IT 시스템

현황 파악, 전산 조직 및 인력 현황 파악 등이 있다.

요구사항 분석

요구사항 분석이란 프로세스 경영을 도입함으로써 획득할 수 있는 경영층, 중간관리자, 현업의 요구사항을 분석하는 것이다. 특히 프로세스 경영에 대한 이해가 부족한 상황이더라도 현재 기업운영이나 혁신 과제 수행, 현업 업무처리에 있어 불만이나 문제점을 수집하는 것이 중요하다. 따라서 경영층, 현업 부서장, 핵심 인물과의 인터뷰와 자료 분석을 통해 프로세스 경영에 대한 상위 수준의 핵심 요구사항을 파악해야 한다. 또한 파악된 결과는 공식적으로 문서화해 이를 기반으로 프로세스 경영 추진의 수행 범위를 정의한다.

특히 이 과정은 프로세스 경영을 도입함으로써 얻고자 하는 전체적인 상위 레벨의 요구사항을 분석하는 것이 목적이다.

프로세스 경영 구현 기술 동향 및 사례 분석

프로세스 경영 구현 관련의 기술 동향 및 업체 정보를 분석하고 프로세스 경영을 기 도입한 선진사례와 유사사례를 분석하는 단계다. 이때는 동종업계 프로세스 경영 적용 사례 및 베스트 프랙티스를 보유한 업체에 대해 벤치마킹을 실시한다. 이를 통해 기존에 도입된 기업의 프로세스 경영 전략, 프로세스 경영을 활용한 업무 처리 현황, 인프라 환경 등을 파악한다.

또한 선진 기업의 주요 프로세스 경영 적용 동향을 확인하고, 기존의 구축 경험과 교훈을 바탕으로 프로세스 경영 관련 핵심 현안의 해결 방향을 모색한다.

프로세스의 목표 수립

이런 분석 결과를 종합해 프로세스 경영의 목표와 방향성을 수립한다. 기업의 비전 달성을 효과적으로 지원하고 핵심현안을 해결하기 위해 프로세스 경영의 구축 목표를 수립하게 되며 가장 적합한 프로세스 경영의 모습을 제시한다. 프로세스 경영의 목표를 최종 수립할 때는 앞서 분석한 사업 현황, 기술 동향 및 선진 사례, 요구사항을 모두 참조해 반영해야 한다.

단, 프로세스 경영 목표를 수립할 때에는 다음과 같은 위험 요소를 꼭 점검해야 한다. 첫째, 전략과의 단절이다. 기업의 전략과 현안 과제가 프로세스 경영에 의해 해결될 수 있도록 프로세스 경영의 목표가 전략과 연계되어야 한다.

둘째, 구현 가능성이다. 프로세스 경영의 목표가 현재 동원할 수 있는 자원 및 비용에 부합하는지 확인해야 한다.

셋째, 투자 중복이다. 각 비용 집행 사업부서별로 독자적으로 BPM을 추진하는 경우에 동일한 조직 간 프로세스에 대해서 중복투자가 발생할 수 있다.

넷째, 기술 통합의 어려움이다. 다양한 기술 특성을 하나로 엮어내야 하며, BPM 솔루션의 통합 기능이 떨어지는 경우에는 인터페이스가 어려운 단점이 있다.

다섯째, 조직 변화에 대한 저항이다. 프로세스 혁신으로 기존 조직 구조 변경에 대한 조직 구성원의 저항이 발생할 수 있다.

여섯째, 기득권의 저항이다. 기존 비즈니스 기반에서의 기득권을 가지고 있던 세력들이 프로세스 변경 및 공유에 대해서 강력하게 반발할 수 있다.

일곱째, 의사 결정의 복잡성이다. 통합된 프로세스의 구현 시 이해 관계자들의 의사결정 과정이 복잡하다.

BPM 솔루션 선정

프로세스 경영의 도입 목표를 수립한 이후에는 목표와 전략, 요구사항에 적합한 BPM 솔루션을 선정하는 것이 좋다. BPM 솔루션 선정은 프로세스 경영을 구현에 있어, 결정적 성공요소 중 하나이므로 굉장히 중요하다. BPM 솔루션은 각 벤더사마다 제공하는 기능과 장단점이 뚜렷하게 구별되기 때문에 도입 목표에 정확히 부합하는 솔루션을 선정하는 것에 신중을 기해야 한다.

솔루션 검토 및 선정

BPM 목표 및 전략 수립 태스크에서 정의한 BPM 목표 및 전략에 맞는 솔루션을 선정하는 단계다. BPM 시스템을 구축하기 위해서는 BPM 솔루션 프레임워크의 프로세스 모델링, 프로세스 실행, 프로세스 통합, 업무 규칙(룰) 관리, 모니터링 솔루션 등이 사용될 수 있다. 그러나 BPM 시스템을 구축하기 위해서 이 모든 솔루션이 다 필요한 것은 아니며 고객사의 전략과 IT 현황에 따라 도입할 솔루션이 달라진다.

따라서 필요한 BPM 솔루션 영역을 먼저 선별하는 것이 필요하며 솔루션을 선정하기 위한 계획을 수립하고 솔루션 평가 기준을 정의해 기준에 따라 솔루션을 평가한다.

이 과정에서는 BPM 솔루션 영역들 간의 아키텍처도 함께 고민되어야 하며, 인터페이스 될 시스템들과 BPM 솔루션들과의 상호 연계성도 함께 고려해 솔루션을 선정해야 한다.

이러한 솔루션 선정 시 유의해야 할 점을 살펴보면 다음과 같다.

첫째, BPM 솔루션 프레임워크에서 도입 대상 BPM 솔루션 영역을 결정한다.

둘째, 각 솔루션 영역별로 검토 대상 솔루션을 선정한다. 많은 솔루션들 중에서 주요한 리서치 기관의 평가 자료, 인지도, 시장점유율, 제품 구성과 아키텍처, 제품 특성, 구축 사례 등을 바탕으로 BPM 솔루션 영역별 검토 대상 솔루션을 선정한다.

셋째, BPM 솔루션 영역별로 솔루션 평가항목을 정의한다.

넷째, 객관적 업체 평가, 기능 평가, 기술 평가, 유지 보수 지원, 가격 경쟁력 등을 최상위 레벨 평가 항목으로 해 각각에 대한 세부 항목을 정의한다.

다섯째, 각 항목에 대해 설명을 작성하고 항목별 가중치를 정한다. 이때, 각 항목에 대한 이해를 돕기 위해 예시질문을 작성하는 것도 좋다.

여섯째, 대체적으로 솔루션 평가 기준은 유사하므로 평가 항목을 선정한 후 고객사 특성에 맞게 가중치를 설정하는 것이 중요하다.

일곱째, IT 솔루션 평가에 정평이 난 가트너 그룹, 오범 등의 평가 기준을 원용하고, 타사 선정 사례를 고객사에 제시할 수 있다.

BPM 솔루션 평가 방법의 결정

솔루션 평가는 솔루션 업체에 질의서를 배포하고 답변서를 받아서 서면으로 평가할 수도 있고, BMT를 실시할 수도 있다. 만약 BMT를 진행할 경우, BMT 시나리오와 평가절차, BMT 환경, 일정 등을 제안서로 작성해 솔루션 업체에 배포한다.

BPM 솔루션 평가 실시

고객이 많이 참여할 수 있도록 유도하고 객관성을 확보하기 위해 외부 평가를 의뢰할 수도 있다. 무엇보다도 솔루션 간에, 그리고 기존

시스템과의 인터페이스가 안정적인지를 중점적으로 평가한다.

BPM 솔루션 선정

솔루션 평가 결과를 종합해 BPM 솔루션 영역별 솔루션을 결정한다. 평가 결과는 내부적인 합의 후에 반드시 승인을 얻어야 한다.

03 프로세스 표준화와 모델링

표준화의 정의

표준화란 전사 프로세스 체계와 조직 간 프로세스를 정의하는 것이다. 업무 프로세스를 분석하고 개선사항을 도출해 향후 프로세스 모델을 만드는 단계이다. 이때는 프로세스와 단위업무를 분석하고 문제점을 도출하게 되며 이에 대한 원인을 파악하고 개선방안을 도출한다.

또한 기본 프로세스 및 단위업무 수행에 필요한 애플리케이션의 분석 작업도 함께 수행하고, 프로세스 개선방안을 적용해 프로세스의 향후 모델을 작성한다. 서비스화 될 인터페이스 기능과 프로세스의 정의 BRE(Business Rule Engine, 비즈니스 규칙 엔진)로 관리할 업무 규칙의 정의도 수행한다.

프로세스 표준화와 모델링 절차

전사 프로세스 분석

기업의 전체 프로세스의 현황을 분석하고 프로세스의 문제점을 파악하는 단계다. BPM을 도입함에 있어서 가장 기본이 되는 작업으로 조직 중심이 아니라 프로세스 중심으로 기업의 비즈니스를 분석해 기업 내에서 발생하는 프로세스들은 무엇이 있는지를 정의한다. 이어서 각 프로세스가 어떤 일을 수행하기 위한 절차인지, 관련된 부서와 담당자는 누구인지, 어떤 프로세스들과 관련이 있는지, 전략적으로 얼마나 중요한지를 분석한다.

이를 바탕으로 고객사의 핵심 프로세스를 파악하고, 프로세스가 직면하고 있는 문제점이 무엇인지 그에 대한 근본원인은 무엇인지를 분석한다.

이 단계에서 주의할 점을 정리해보면 다음과 같다. 첫째, 현행 업무와 프로세스 문서를 수집한다. 프로세스 계층도, 업무 매뉴얼, 업무 규정집, 업무 교육 교재, 업무 기능 분해도 등이 이에 해당된다.

둘째, 수집된 현행 업무와 프로세스 문서, 인터뷰, 설문 등을 통해서 프로세스를 분석한다. 따라서 프로세스에 대한 질문사항은 항상 메모를 한다. 프로세스들이 커버하는 기능, 관련된 조직이 무엇인지를 파악해야 하며, 특히 프로세스의 중요도 파악을 위해 고객사의 전략과 얼마나 관련이 있는지를 분석한다. 그 밖에도 프로세스 선후 관계, 프로세스 관리자와 관리 부서를 파악해야 한다.

셋째, 현행 프로세스의 문제점을 파악하고 그에 대한 원인을 분석한다.

넷째, 분석된 자료를 바탕으로 고객사의 핵심 프로세스를 도출한다.

그 밖에도 전사 프로세스 분석 단계에서는 업무 전문가에게 업무 설명을 요청해 업무를 파악해야 한다. 이때 인터뷰를 하는 경우에는 사전에 질의서를 작성하고 배포해 응답자가 미리 준비할 수 있도록 한다. 수집된 자료가 변경 관리되지 않을 수 있으므로 고객의 설명을 많이 참고할 수 있도록 하고 분석 작업에 대한 검토를 프로세스와 관련된 담당자들이 한 자리에 모여서 하도록 하는 것이 좋다.

전사 조직 및 역할 분석

프로세스를 처리하는데 참여하는 조직, 역할, 조직 관리 현황을 분석하고 문제점을 파악한다. 이때 고려할 점은 다음과 같다. HR 조직도의 변경 절차, 수행 주체를 분석하고 HR 조직도 변경과 관련한 문제점을 도출한다. 또 이들의 조직 분류체계를 파악하고 HR 조직도에서 분류체계에 어긋나는 부분이 없는지를 분석한다.

각 조직이 담당하는 업무와 역할을 매핑해 조직 간 기능이 중복되지는 않는지, 조직에 매핑되지 않는 기능은 없는지도 분석해야 한다. HR 조직도에는 드러나지 않지만 프로젝트팀이나 TFT와 같이 시각적으로 관리되는 조직이 없는지를 분석한다. 그리고 그러한 조직들이 어떻게 관리되고 있는지 분석한다. 마지막으로 업무와 밀접한 관련이 있는 기업 외부 조직은 있는지 관리는 어떤 절차로 누가 담당하고 있는지 분석한다.

전사 프로세스 체계 수립

전사 프로세스의 체계를 정의하고 BPM 대상이 되는 조직 간 프로세스를 정의한다. 프로세스 경영 구현에서 가장 중요한 단계로써 산출물인 프로세스 체계 정의서는 후속작업들의 투입물(Input)이 된다. 기존의 조직 단위로 구분되는 수직적 프로세스가 아닌 여러 조직을 넘나드는 수평적인 핵심 프로세스를 도출하는 것이 가장 중요하다.

그러기 위해서 우선 프로세스의 분류체계를 정하고 전사 프로세스 분석 태스크에서 도출된 핵심 프로세스를 중심으로 기본 프로세스까지 프로세스를 분해한다. 그리고 분해된 프로세스들의 관계를 정의해 최종적으로는 BPM의 대상이 되는 조직 간 프로세스를 정의한다.

또한 이때는 다음과 같은 점들을 유의해야 한다. 첫째, 전사 프로세스 분석 태스크에서 도출된 핵심 프로세스가 고객사의 전략 및 목표 달성에 합당한지 검토한다. 둘째, 검토 결과를 바탕으로 프로세스 분류체계와 분류체계 레벨을 정의한다. 셋째, 전사 프로세스들을 핵심 프로세스를 기준으로 프로세스 분류체계에 맞게 분해하고 정렬해 프로세스 계층도를 작성한다. 넷째, 핵심 프로세스별로 하위의 프로세스들 간의 관계 및 흐름을 정의한다. 다섯째, 프로세스의 자원(조직, Location, 애플리케이션)을 매핑한다. 여섯째, 정의된 프로세스의 흐름을 바탕으로 조직 간 프로세스를 도출한다.

이러한 프로세스 체계 정의서는 오피스 문서 양식의 산출물이 아닌 프로세스 모델링 툴을 사용해 작성한다. 프로세스 모델링 툴은 프로세스의 흐름 및 정보, 문서의 흐름을 시각적으로 표현하는 솔루션으로 프로세스를 저장소에서 통합관리해 관리가 용이하며 전사에 쉽게 공유할 수 있다는 장점이 있다. 특히 표준화된 표기법과 다양한 모델링 다이어그램을 지원함으로써 모델링 품질을 향상시키는 데 도움이 된다. 프로세스 모델링 툴은 향후 전사 조직 및 역할 운영 계획 수립, 향후 프로세스 모델링, 프로세스 성과지표 정의 태스크에서도 활용된다.

향후 프로세스 분석

기본 프로세스와 기본 프로세스를 구성하는 단위업무를 분석하고 주요 문제점을 도출한다. 기본 프로세스를 구성하는 단위업무를 파악하고 단위업무 간의 흐름을 분석한다. 더불어 프로세스에 참여하는 기업 내·외부의 조직과 역할, 주요 처리 정보의 흐름, 관련 업무 규칙 및 법제도를 분석하고 기본 프로세스 및 단위업무의 문제점을 도출한다.

이때 주의할 점은 다음과 같다. 먼저 프로세스 모델링 툴을 도입했다면 비즈니스 프로세스 모델링 툴을 활용한다. 이것은 프로세스 버전 관리, 통합관리, 공유, 접근이 쉬운 반면 시간과 비용이 많이 필요하다. 둘째, 프로세스 모델링 툴을 사용하지 않는다면 오피스 파일이나 UML 모델링 툴을 사용할 수도 있다.

프로세스 문제점 도출 유형은 다음과 같다. 첫째, 프로세스에서 관리되어야 하는데 관리되지 못하는 부분은 없는가? 둘째, 프로세스의 병목현상이 발생하는 곳은 어디인가? 셋째, 업무처리를 위한 시스템이 적절한가? 넷째, 데이터의 적합성과 무결성은 유지되는가? 다섯째, 관련 시스템 간의 데이터의 흐름은 원활한가? 여섯째, 업무 간 역할과 역할에 따른 책임소재가 명확하게 구별되는가? 일곱째, 관련 조직과의 의사소통은 원활한가? 여덟째, 프로세스와 관련되어 새롭게 도입된 법 제도나 규정은 없는가?

프로세스 개선 방안 도출

현행 프로세스의 문제점과 원인을 파악하고 이를 해결하기 위한 개선방안을 도출한다. 현행 프로세스 분석 태스크에서 도출된 프로세스의 문제점을 파악하고 원인을 분석해 이를 해결하기 위한 개선방향을 업무 측면과 시스템 측면으로 구분해 도출한다.

프로세스의 개선방안은 프로세스의 흐름 변경, 해당 업무의 폐지, 업무 담당자의 재조정 등의 업무를 개선하는 방안과 BPM의 적용, 현행 애플리케이션의 추가 개발이나 수정, 신규 애플리케이션의 개발 등의 시스템 측면이 모두 포함될 수 있다.

이때 주의할 점은 다음과 같다. 프로세스를 개선하고자 할 경우 한 부분의 개선이 다른 영역의 악영향을 미치는 '나비효과(Butterfly Effect)'를 발생시킬 수도 있다. 특히 프로세스상에서 병목현상(Bottle-Neck)을 없애기 위해 부하 조정(Load Balancing)을 할 경우 이런 현상에 봉착하게 되는 경우가 종종 발생하게 된다.

이와 같이 프로세스의 변경의 결과로 나타날 수 있는 현상을 미리 예측하고 분석하는 작업을 통해서 프로세스 개선의 결과를 바람직한 방향으로 유도하는 것이 필요하며 여기에 프로세스 시뮬레이션 분석 기법을 적용할 수 있다.

향후 프로세스 모델링

프로세스 개선방안 도출 태스크에서 도출된 프로세스 개선방안을 적용해 프로세스의 향후 프로세스를 모델링한다.

프로세스를 개선하기 위해 프로세스를 구성하는 단위업무와 단위업무들 간의 선후관계를 재정의한다. 단위업무 처리에 필요한 도구(시스템 혹은 파일명)는 무엇인지, 업무 처리 담당 조직 및 역할은 무엇인지, 업무수행에 지켜야 할 규칙은 없는지, 프로세스 진행중에 발생 가능한 이벤트는 무엇인지 등을 정의한다.

향후 프로세스 모델링에서 주의할 점은 업무 담당자의 입장에서 문제점을 해결하려고 시도해야 한다는 것이다. 흔히 범하기 쉬운 오류 중의 하나가 시스템 기능의 제약성 때문에 발생하는 업무의 비효율성을 업무 흐름을 변경해 해결하려고 하는 것이다. 이것은 잘못된 개선 방법이며 시스템의 기능을 개선하는 방향으로 접근해야 한다.

이때 주의할 점은 다음과 같다. 첫째, 비즈니스 프로세스 모델링 가이드 작성 태스크의 산출물인 '비즈니스 프로세스 모델링 가이드'에 맞게 모델링한다. 둘째, 향후 프로세스 모델 작성은 현업과 함께 작업하도록 해 고객이 프로세스의 변경 부분에 대해서 명확히 인식하도록 한다. 셋째, 향후 프로세스 모델은 향후 BPM 구현 범위에 큰 영향을 미칠 수 있으므로 향후(TO-BE) 프로세스 모델이 완료되면 반드시 관련된 이해당사자들 간의 합의를 받도록 한다. 넷째, 프로세스 모델링 툴을 활용할 수 있다.

서비스 정의

SOA 기반의 BPM 또는 웹 서비스 기반의 BPM 구축시 프로세스를 분석해 서비스화될 인터페이스 기능과 프로세스를 식별해 정의한다. 이때는 향후 프로세스 모델을 분석해 BPM 시스템과 다른 시스템과 인터페이스하게 되는 접점 부분이 서비스로 도출될 대상이 된다. BPM의 입장에서 프로세스를 중심으로 본다면 BPM 시스템에 SOA(Service Oriented Architecture) 개념을 적용해 서비스를 정의하는 의미는 아래의 두 가지로 볼 수 있다.

첫째는 BPM 시스템에서 연계해야 하는 레거시 시스템(Legacy system) 인터페이스의 표준으로서 갖는 의미다. 이 경우에는 레거시 시스템의 애플리케이션 기능이 서비스화되어 BPM 시스템과의 인터페이스에 사용되게 되며 서비스화된 레거시 시스템의 기능은 다른 레거시 시스템과의 인터페이스에도 유연한 통합성을 제공하게 된다.

고객사의 레거시 시스템은 다양한 플랫폼과 개발언어에 기반하고 있다. 이런 다양한 시스템 환경을 각각 인터페이스하는 것보다는 표준화된 하나의 인터페이스를 기반으로 연계하는 것이 바람직하다. 제약사항은 고객의 레거시 시스템을 서비스로 노출시킬 수 있어야 한다는 것이다.

둘째는 플랫폼과 개발언어가 다른 프로세스 간의 통합 기반을 제공한다는 의미를 가진다. 이 경우에는 프로세스를 서비스화해 표준화된 인터페이스로 노출하게 된다.

이렇게 되면 플랫폼이나 개발언어에 상관없이 기업과 기업 간의 프로세스 통합이 가능하게 된다. 예를 들면 A 솔루션으로 구현된 프로세스를 다른 기업의 B 솔루션으로 구현된 프로세스에서 호출해 사용할 수 있게 되는 것이다.

업무 규칙 정의

프로세스를 분석하고 BRE로 관리할 업무 규칙을 정의한다.

향후 프로세스 모델링 태스크의 결과인 향후 프로세스 정의서, 향후 단위업무 정의서를 분석해 업무 규칙의 적용 대상 업무를 결정하고, 업무 규칙을 실행시키는 실행 규칙, 데이터, 프로세스와의 인터페이스 등을 정의하게 된다. 정의된 업무 규칙은 향후 프로세스 모델에 반영되어야 한다.

이때 주의할 점은 다음과 같다. 업무 규칙이란 업무의 구조를 정의하고 업무 행위를 제약하는 구문으로 정의할 수 있으며 '만약 ~하면 ~한다(If~then~)' 의 형식으로 작성된다. BPM에서는 단위 업무의 처리

로직, 담당자 지정 규칙, 단위 업무 분기 조건 처리 등에 활용된다.

예문) 최근 6일간 주가 상승률이 65% 이상인 경우가 연 3일간 계속되고, 제3 일째 되는 날의 종가가 최근 30일 중 최고 주가(종가기준)인 등록종목은 감리종목으로 지정한다.

일반적으로 프로세스 모델링 단계에서 프로세스의 흐름의 제어를 위한 업무 규칙(룰)을 정의하게 된다. 이를 기반으로 실행 프로세스 모델링 단계에서는 업무 규칙이 설계되며 프로세스 실행 시 연동될 수 있어야 한다. 업무 규칙의 손쉬운 설계와 관리를 위해서는 프로세스 모델링 도구 및 실행 프로세스 모델링 도구와는 분리된 별도의 BRE를 두고 연동시키게 된다. BPM 솔루션들은 자체적인 BRE를 가지고 있는 경우도 있으나 대부분의 경우에는 외부의 상용 BRE와 연계하는 인터페이스를 제공해 업무 규칙 관리를 지원하고 있다.

이러한 BRE 적용을 고려할만한 업무 영역은 다음과 같다. 첫째, 프로세스 리엔지니어링이 지속적으로 이루어지는 경우, 둘째, 업무의 변화가 요구되나 시스템의 변경이 어려운 경우, 셋째, 상품, 서비스의 개발 주기가 빨라 시스템이 이를 따라가지 못하는 경우, 넷째, 애플리케이션의 개선이 지속적으로 이루어지는 경우, 다섯째, 합병 등으로 인해 정보, 정책, 규범 등의 통합이 요구되는 경우, 여섯째, 업무 처리 규정이 복잡한 경우다.

04 프로세스 통합과 자동화

대상 선정

프로세스 실행 및 자동화를 구현하기 위해서는 실행 프로세스 모델, 인터페이스, 업무 규칙(룰), 서비스, 애플리케이션을 설계한다. 이를 위해서는 먼저 대상 프로세스를 선정해야 하는데, 이를 위한 프로세스 평가 기준을 정의하고 대상 프로세스를 평가, 선정한다.

이때는 대상 프로세스 모델을 시스템으로 자동화하고 통합하기 위한 실행 프로세스 모델과 BPM 시스템에서 연계해야 할 레거시(Legacy) 시스템과의 인터페이스를 설계한다. 실행 프로세스에 필요한 업무 규칙(룰)과 서비스, 단위업무를 처리하기 위해 수정되거나 신규로 생성되어야 하는 애플리케이션을 설계, 구현한다.

프로세스 통합/자동화 구현 절차

프로세스 평가 기준 정의

기업의 프로세스를 평가하기 위한 평가기준을 정의하는 단계다.

정의된 프로세스 평가기준은 3가지 측면에서 활용하게 될 것이다.

첫째는 전사 프로세스 중에서 BPM 대상 프로세스를 선정할 때이다. 이 작업은 BPM 대상 프로세스 선정 태스크에서 수행한다. 전사 프로세스 체계 수립 태스크에서 전사 프로세스에 대한 개략적인 모습을 알 수 있게 되는데, 이 전사 프로세스를 모두 BPM으로 구현하는 것은 아니다. 따라서 전사 프로세스 중에서 BPM으로 구현해야 할 BPM 대상 프로세스를 선정해야 하는데 여기에 프로세스 평가기준이 활용된다.

둘째는 BPM 대상 프로세스 중에서 성과관리 대상 프로세스를 선정할 때이다. BPM으로 구현하는 모든 프로세스를 성과관리할 필요는 없다. 따라서 성과관리 필요성과 효과성이 높은 프로세스를 가려내야 할 기준이 필요하며 여기에 프로세스 평가기준이 활용된다.

셋째는 BPM 전사 확산 계획을 수립할 때다. 이 작업은 BPM 전사 확산 계획 수립 태스크에서 수행한다. BPM 구현은 빅뱅 형태로 고객사의 모든 업무에 적용되는 것이 아니고 단계적으로 적용영역을 확산해 나가야 한다. 여기에 전사 확산의 우선순위를 판단하기 위한 기준이 필요하며 여기에 프로세스 평가기준이 활용된다.

하지만 위의 세 가지 경우에서 반드시 프로세스 평가기준을 적용할 필요는 없다. 이미 BPM으로 구현할 대상 프로세스가 정리되어 있거나, BPM으로 구현한 프로세스는 모두 성과관리 대상으로 정의하고, BPM 확산계획이 이미 세워져 있는 경우에는 프로세스 평가기준을 적용하지 않을 수도 있다.

위의 세 가지 경우에 대해서 프로세스 평가기준을 적용할 때에 동일한 평가항목을 적용할 수도 있다. 하지만 각각의 평가 목적이 다르기 때문에 경우에 따라서 평가항목이 조금씩 달라질 수도 있다.

이와 관련해서는 다음과 같은 주의사항을 고려해야 한다. 첫째, 프로세스 평가기준에 대한 분류체계와 분류체계의 레벨을 정의한다. 분류체계의 세분화 정도에 따라 레벨의 수준이 정의되며, 2레벨 정도의 수준으로 정의하는 것이 너무 복잡하지도 않고 평가항목을 정리하는데 적합하다.

둘째, 평가항목 분류체계의 최하위 레벨에서 평가항목을 정의한다. 평가항목은 고객사의 환경에 따라 다르게 도출될 수 있다.

셋째, 평가항목별 평가척도를 정의한다. 평가척도는 평가항목에 따라 각각의 경우에 다르게 정의될 것이다.

대개의 경우 '1레벨: 개략 영역 - 2레벨: 세부 영역 - 영역별 평가 항목 - 평가 항목의 평가척도'의 형태로 프로세스 평가 기준이 정의될 것이다. 본 태스크의 산출물인 '프로세스 평가 기준서'를 참조하면 위의 절차를 보다 쉽게 이해할 수 있다.

BPM 대상 프로세스 선정

프로세스 평가 기준을 적용해 BPM으로 구현할 프로세스를 선정한다. 전사 프로세스에 대해서 프로세스 평가 기준 정의 태스크에서 정의한 평가 항목과 평가척도를 적용해 프로세스를 평가해 프로세스 통합/자동화를 적용하기 위한 BPM 대상 프로세스를 선정한다. BPM 대상 프로세스란 전략적 목표를 달성하기 위해서 전사 프로세스 중에서 프로세스 통합/자동화를 우선적으로 적용해 관리해야 하는 프로세스이며 기본 프로세스를 대상으로 평가기준을 적용해 선정한다.

그림 4-3 BPM 대상 프로세스 선정 기준(예시)

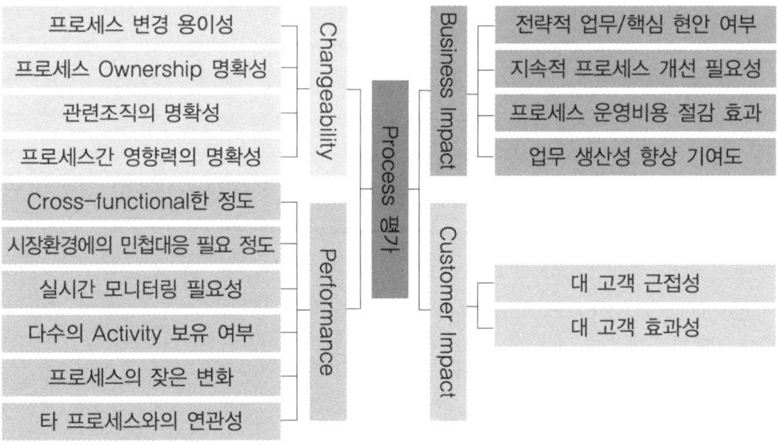

이와 관련해서는 다음과 같은 유의사항이 있다. 첫째, 프로세스 체계 정의서를 참조해 BPM 대상 프로세스 검토 계획과 일정을 수립한다.

둘째, 프로세스 선정 TFT를 구성한다(고객사의 BPM 기획 담당자, 개선 관리 담당자, 프로세스 관리자, 업무 전문가, 프로젝트 팀의 BPM 전문가, 업무 분석가).

셋째, 프로세스 선정 TFT를 대상으로 BPM 프로젝트 개요, 프로세스 선정 기준 및 절차, 역할을 공지한다.

넷째, 프로세스 평가를 위한 설문지, 인터뷰 질문서, 평가서를 준비한다.

다섯째, 워크숍, 설문 조사, 인터뷰를 수행해 프로세스를 평가한다.

여섯째, 평가항목별 가중치를 적용해 평가 결과를 집계하고 총점을 산출한다.

일곱째, 프로세스 평가 결과서를 작성한다.

여덟째, 프로세스 선정 TFT에서 프로세스 평가 결과서를 심의하고 최종 결정한다.

프로세스 평가는 여러 가지 방법을 활용해 수행할 수 있는데 워크숍을 통한 평가는 체계적이고 심도 있는 평가 논의가 가능한 장점이 있다. 시간적 여유가 부족하거나 업무 담당자들의 모임을 갖는 것이 불가능할 경우에는 설문 형태로 바꾸어 일괄적으로 조사해 평가할 수 있다. 설문 형태의 조사는 설문에 응답 시의 환경이나 질문하는 문맥이 응답결과에 많은 영향을 미치므로 설문을 할 경우에는 신중한 설문 문항 작성이 필요하다. 인터뷰는 특정한 사항에 대해서 보다 자세한 조사가 필요한 경우에 수행하도록 한다.

프로세스 평가 결과 집계는 평가항목으로 선정된 문항 및 응답 기준 등을 엑셀 파일 형태로 평가 수행 전 정리를 해두고, 평가 결과들을 항목별 기준에 맞추어 엑셀 시트에 취합해 정리한다. 정리된 평가 결과 점수에 항목별 가중치를 적용해 종합 점수를 환산하고 높은 점수의 프로세스를 우선으로 해 BPM 대상 프로세스로 선정한다.

예를 들어 산업별로 프로세스 통합과 자동화 적용이 우선시되는 프로세스는 다음과 같다.

금융과 보험에서는 대출, 예금, 투자, 연금관리, 감사, 콜센터, 신규 고객처리, 보상, 갱신업무, 위험평가, 각종 심사 등이다.

제조업에는 생산계획, 상품관리, 품질관리, 주문처리, 협력사 관리, 부품 물류관리, 클레임처리, 설비관리 등이다.

정부와 공공분야에서는 민원처리, 조달업무, 전자정부 구현 및 부처 간 프로세스 통합, 비상계획, 국방 CALS, 인력관리, 소비자보호, 구매관리, 프로젝트 관리, 예산관리, 입찰, 면허관리, 법원소송관리, 형사집행, 법률입안, 행정지원, 납세징수관리, 사회보장 등이 있다.

유통과 운송부문에서는 구매관리, 판매관리, 지점관리, 협력사관리, 물류관리, 인력관리, 고객관리, 예약관리, 주문관리, 배송관리, 차량관리, 정비 등이 있다.

통신은 고객관리, 영업관리, 서비스관리, 콜센터, 시설관리 등이 있으며, 의료는 환자이력관리, 병원 내부 프로세스관리, 보험처리, 수납관리 등이 있다. 마지막으로 교육에서는 수험관리, 수강편성관리, 장학금 관리, 등록금 수납, 시설관리 등이 있다.

실행 프로세스 설계

대상 프로세스 모델을 시스템으로 자동화하고 통합하기 위해 실행 엔진에 맞는 실행 프로세스 모델을 설계하는 단계이다. 물론 실행 프로세스 모델은 프로세스 모델과 동일할 수도 있다. 하지만 애플리케이션의 프로세스까지를 고려하기 때문에 프로세스 모델에서는 하나의 단위업무가 두 개의 단위업무로 쪼개지기도 하고 다른 단위업무와 합쳐질 수도 있다. 설계자는 이러한 것들을 고려해서 프로세스 모델에서 정의된 것 중 실행엔진을 통해서 구현할 부분을 정의하고 그 범위 안의 단위업무들을 애플리케이션 레벨의 흐름까지 세분화해 실행 프로세스 모델을 설계한다. 더불어 각 단위업무별로 업무처리 담당자, 업무처리도구, 업무기한, 프로세스 데이터 등을 정의한다.

실행 프로세스 모델은 실행 엔진에서 제공하는 디자이너 툴을 통해서 작성할 수도 있고 BPMN을 BPEL로 변환하는 것과 같이 프로세스 모델링 툴에서 작성한 프로세스 모델을 자동 변환해 생성할 수도 있다.

프로세스 데이터는 프로세스의 시작과 끝, 단위업무의 시작과 종료와 같이 프로세스 내에서 발생할 수 있는 이벤트와 프로세스 흐름상에서 Input/Output으로 사용되는 데이터를 말한다. 프로세스 데이터는 레거시 애플리케이션에서 관리하는 데이터 중에서 Primary 데이터, Reference 데이터, 프로세스 성과지표 관련 데이터와 같이 프로세스 흐름을 제어하거나 프로세스 성과를 분석할 수 있는 데이터만을 추출해 구성하도록 한다.

프로세스 데이터는 솔루션에 따라서 간단한 변수의 형태에서 XML 등의 다양한 형태가 될 수 있다.

프로세스 실행을 위해서는 앞서 모델링한 논리적 프로세스를 실행 가능한 형태의 물리적 프로세스로 개발해야 한다. 일반적으로 물리적 프로세스는 OASIS(Organization for the Advancement of Structured Information Standards)에서 제정한 WS-BPEL(Web Service Business Process Execution Language)을 사용한다. 물리적 프로세스 설계 도구를 활용해 WS-BPEL을 개발하게 된다.

그림 4-4 실행 프로세스 디자인 툴에 의한 BPEL 작성(예시)

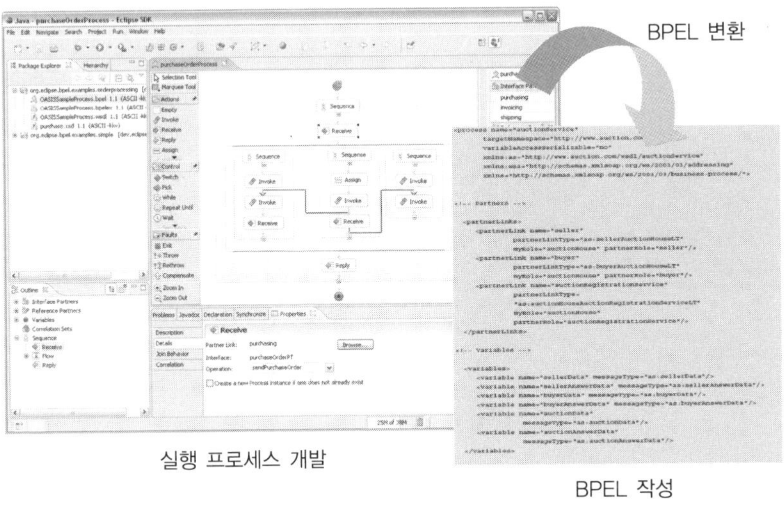

이때 주의할 점은 다음과 같다. 실행 프로세스 설계 시 첫째, 프로세스 모델에서 실행 엔진으로 자동화할 영역(단위업무)을 정의한다. 둘째, 단위업무와 관련된 애플리케이션까지를 고려해 단위업무를 세분화하거나 통합해 실행 프로세스의 단위업무를 설계한다. 실행 프로세스의 단위업무는 프로세스의 단위업무와 1:1 매핑될 수도 있고, 1:n 혹은 n:1로 매핑될 수도 있다. 셋째, 단위업무들 간의 선후관계를 정리해 프로세스의 흐름을 정의한다. 넷째, 프로세스 내 데이터의 흐름을 정의하고 이를 바탕으로 프로세스 데이터를 설계한다. 다섯째, 단위업무 수행에 필요한 애플리케이션의 호출 방법과 그에 따른 실행명령 및 input/output 데이터를 정의한다. 여섯째, 프로세스의 시작과 종료, 단위업무의 시작과 종류 및 지연, 삭제와 같은 프로세스 내에서 발생 가능한 이벤트를 정의하고 이벤트별 처리내역을 명시한다. 일곱째, 단위업무 담당자를 정의한다.

프로세스 데이터를 정의할 때에는 특히 BPEL 실행 엔진을 사용할 경우 기반 기술이 웹서비스가 되므로 웹서비스로 인터페이스할 때 유통되는 데이터가 지켜야 할 규칙들을 지켜서 설계해야 한다.

실행 프로세스 디자인 툴이 실행 엔진에서 실행되기 위해서는 첫째, 실행 엔진에서 제공하는 디자인 툴을 사용해서 실행 프로세스를 작성해야한다. 이 작업이 실행 프로세스 모델을 설계하는 것과 유사함으로 디자인 툴을 사용해 직접 실행 프로세스를 설계해도 무방하다.

둘째, 실행 프로세스 디자인 툴은 프로세스 모델 뿐 아니라 프로세스 데이터 정의, 업무처리담당자 지정, 간단한 업무처리 규칙, 기한 설정 등을 정의하게 되어 있다.

셋째, 디자인 툴에서 구현할 수 있는 프로세스 관련 항목들은 솔루션별로 비슷하나 설정 방법이 실행 프로세스 모델링 표준에 따라 상이하므로 솔루션 업체의 모델링 가이드를 참조하도록 한다.

프로세스 인터페이스 설계

프로세스에서 발생 가능한 이벤트별로 BPM 시스템과 레거시 시스템 간 인터페이스를 설계한다. 프로세스에서 발생하는 이벤트에서 처리되어야 할 것(예: 데이터 저장 및 가공, 애플리케이션 구동 등)을 정의하고 BPM과 레거시 시스템 간 이벤트를 처리하기 위한 인터페이스 방법을 시스템 인터페이스 표준 설계 태스크에서 설계한 것을 참고해 결정한다. 방식이 결정되고 나면 시스템 간에 주고받은 데이터를 정의하고 인터페이스와 관련된 비즈니스 처리 로직을 설계한다.

이처럼 프로세스 통합 툴은 시스템 인터페이스 설계는 EAI과 같은 통합 관련 솔루션을 사용할 수 있다. 솔루션 선정단계에서 프로세스 통합과 관련된 솔루션을 선정했다면 본 태스크의 설계 작업을 통합 툴을 활용해 수행할 수 있다.

통합 툴을 사용하면 인터페이스 데이터 설계, 인터페이스 데이터 라우팅, 통합 프로세스 자동화, 인터페이스 데이터 가공 등을 쉽게 작업할 수 있고, 툴에서 제공하는 어댑터를 활용해 코딩없이도 시스템 인터페이스를 구현할 수 있다.

프로세스 인터페이스 구현

프로세스 인터페이스 설계에서 작성한 프로세스 인터페이스 설계서를 바탕으로 BPM과 레거시 시스템과의 시스템 인터페이스를 구현한다.

05 프로세스 성과관리

성과관리의 목적

프로세스 성과관리는 업무수행의 결과를 측정해 지속적인 프로세스 개선을 추구하고자 하는 목적이 있다. 따라서 프로세스의 성과관리는 기업의 전략과 연계되어야 한다. 이것은 궁극적으로 프로세스 경영이 기업의 전략을 실행하기 위한 도구로써 활용되어야 한다는 목표에 부합되기 위해 꼭 필요한 사항이다.

그림 4-5 프로세스 성과지표 도출 방안

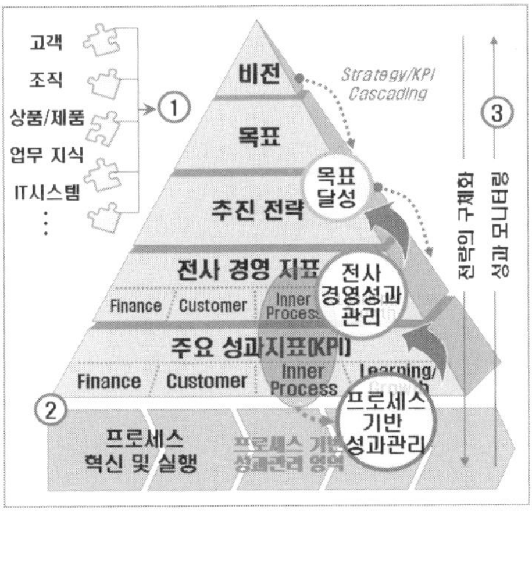

① 전략과 자원, 프로세스의 연계
- 프로세스를 기준으로 전략과 고객, 조직, 제품/상품 등 주요 자원의 상관관계를 명확히 인식하고 이를 재배열함

② 프로세스의 전략적 운영 관리
- 전략과 구체화를 통해 단위 프로세스의 개선목표와 실행목표를 정의하여 실행함

③ 전략 성과의 극대화
- 프로세스 개선/실행 결과의 상시 모니터링으로 지속적 대응 및 개선을 추진하고, 궁극적으로 경영목표 달성 통한 기업가치의 혁신을 추진함

기업의 전략을 비즈니스 프로세스에 사상하는 것은 상당히 까다로운 작업으로써 이에 대한 적절한 방법에는 BSC의 전략맵이 있다(제6장 참조). BSC의 전략맵에 의해 기업의 전략은 프로세스의 성과지표와 인과관계를 가지게 된다.

프로세스 성과관리 방안

프로세스 성과지표 정의

BPM 대상 프로세스 선정 태스크에서 선정된 BPM 대상 프로세스를 대상으로 프로세스 성과지표 정의 가이드를 적용해 프로세스 성과지표를 정의하는 단계다. BPM의 최종목표인 프로세스의 최적화를 달성하기 위해서는 프로세스 성과지표를 정의하고 측정하는 것이 그 출발점이 된다고 볼 수 있다.

프로세스 성과지표는 해당 프로세스의 목표를 달성하기 위해 집중적으로 관리되어야 하는 항목들이라고 볼 수 있기 때문에 구체적이고 측정 가능하도록 정의해야 한다. 하지만, BPM 대상 프로세스에 대해서 프로세스 성과지표를 모두 도출할 필요는 없다. 프로세스에 BPM을 도입하는 목적이 단순한 자동화이거나, 인터페이스 통합 등과 같이 성과관리를 통한 프로세스 개선 측면의 필요성이 낮은 프로세스도 있기 때문이다.

이때는 다음과 같은 주의사항이 있다. 첫째, 성과관리가 필요한 프로세스인지를 검토한다. 둘째, 프로세스의 성과관리 목표를 설정하고 이를 달성할 수 있는 구체적인 핵심 성공요소를 도출한다. 핵심 성공요소는 시간, 건수, 비율, 비용의 4가지 측면에서 도출하는 것이 용이하며, 나중에 정의하게 될 프로세스 성과지표도 이의 구분에 따라서 도출될 것이다.

셋째, 도출된 핵심 성공요소를 바탕으로 프로세스 성과지표를 시간, 건수, 비율, 비용의 유형에 따라서 정의한다. 넷째, 정의된 프로세스 성과지표를 공유한다. 프로세스 성과지표는 해당 프로세스 성과지표의 측정에 연관되어 있는 사람들과의 합의를 이루는 것이 중요한데, 프로세스 성과지표가 확정되게 되면 관련 데이터 수집 및 프로그램 개발, 피측정 대상자의 수용 여부 및 측정 수위 합의, 지속적인 개선활동 수행 등의 관련 작업들이 필요하기 때문이다. 다섯째, 공유된 프로세스 성과지표를 수정 보완한 후 확정한다.

기업의 경영성과를 나타내는 전사 KPI(Key Performance Indicator)와 BPM에서 언급되는 프로세스 KPI는 그 의미가 다르다. BPM 방법론에서는 후자를 '프로세스 성과지표'라는 용어로 통일해 전사 KPI와 구분했다. 전사 KPI는 기업의 경영목표 달성이라는 측면을 고려할 때 중요한 지표들이며 이와 같은 지표들은 경영층의 의사결정에 필요한 중요한 정보들이다.

전사 KPI의 예로는 EVA(Economic Value Added), ROI(Return

Of Investment), 재고자산회전율, 시장점유율 등이 될 수 있으며 이를 모니터링 하기 위한 시스템으로는 EIS(Executive Information System), DSS(Decision Support System)와 같은 시스템이 그 예가 될 수 있다.

프로세스 성과지표는 프로세스 현황의 모니터링 및 개선에 필요한 정보이며 납기준수율, 구매리드타임, Claim 처리 응답시간 등이 그 예가 될 수 있다. 프로세스 성과지표의 모니터링은 BPM 시스템 내에서 구현되며 필요한 경우에 프로세스 성과지표가 전사 KPI의 Input 혹은 부분집합의 역할을 할 수 있다.

유형별 프로세스 성과지표에 대해서 구체적으로 살펴보자. 먼저, 시간(Time)이다. 프로세스에서 시간과 관련된 프로세스 성과지표 중에서 표면적으로 파악할 수 있는 것은 활동 수행 주체의 수행 시간, 활동 간의 이동 시간인 연계시간, 서브 프로세스 또는 전체 프로세스의 수행시간 등이다. 또한 이를 바탕으로 파생시킬 수 있는 시간은 병목 또는 서비스 수행 주체의 발생할 수 있는 대기시간 및 지연시간, 수행 주체 이상으로 업무를 수행하지 못하는 수행 불가능 시간 등이 있다. 기본적인 시간 관련 프로세스 성과지표는 프로세스상에서 바로 찾아낼 수가 있으나 파생되어 도출되는 시간 관련 프로세스 성과지표는 프로세스에 대한 이해를 바탕으로 도출이 되어야 한다.

둘째, 건수(Frequency)다. 건수 중심으로 관심을 가져야 하는 프로세스 성과지표로는 주로 활동수행 주체들의 단위업무 처리량, 전체 프로세스의 처리량이 가장 주된 항목들이다. 그 외에 병목지점에 쌓여 있는 지연 업무들의 건수도 포함될 수 있다. 또한 프로세스가 제조공정에 적용된 경우라면 프로세스상에서 존재하는 재고의 수도 중요한 관리지표가 될 것이다. 그리고 프로세스 목표 및 개선 전후의 기대효과를 비교하기 위해서는 단순한 건수가 아닌 비율로 변환이 되거나 단위 시간에 대한 변경과 이의 적용을 통해서도 비교가 되어야 한다.

셋째, 비율(Rate)이다. 비율에 대한 프로세스 성과지표가 나온다는 것은 두 개 이상의 데이터가 연산 과정을 거쳐야 함을 의미한다. 예를 들어, '오류율'이라는 프로세스 성과지표를 고려한다면 전체 수행되는 건수와 잘못된 수행 건수처럼 두 가지 이상의 데이터가 필요하다. 비율에 대한 프로세스 성과지표는 시간, 건수에 대한 프로세스 성과지표 혹은 데이터에서 출발한다고 봐도 된다. 하지만 시간, 건수 중에서 단독적인 지표보다 비율로 전환시켜서 의미를 가지는 항목들이 필요하기 때문에 이와 같은 개념을 도입해 활용하는 것이다.

즉 전체 중에서 오류 건수가 100건일 경우 절대적인 수치는 의미가 없기 때문에 상대적인 수치의 의미인 비율로 고려하는 것은 좋은 예라고 할 수 있다. 또한, 비율에 대한 프로세스 성과지표가 중요한 의미를 가지는 것은 많은 경우에 프로세스 목표가 비율로 표시된다는 것이다. 현행 프로세스의 개선을 통해 목표를 달성하기 위해서는 개선된 프로세스가 상대적으로 현재의 프로세스보다 얼마만큼 나아졌는가를 측정한다는 점에서 비율로 구성된 프로세스 성과지표가 중요하다.

그렇기 때문에 비율 관련 프로세스 성과지표는 성과관리를 하는 프로세스의 목표와 직결이 되거나 연관성이 높을 가능성이 크다.

넷째, 비용(Cost)이다. 비용과 관련한 프로세스 성과지표는 프로세스를 수행하는 자원(사람, 기계, 정보시스템 등)의 투입 단가와 투입 시간을 기본으로 해서 산정될 수 있다. 특히 프로세스 성과지표를 바탕으로 프로세스 개선효과를 분석하는 경우에는 비용과 관련된 프로세스 성과지표는 주요 논의 대상이 될 것이며, 앞에서 살펴본 세 가지 유형들은 비용이라는 유형으로 전환되어 계산될 수 있다. 물론 100% 정확한 금액을 산정하는 것은 불가능하지만 일정기준을 마련해(예를 들면 담당자의 평균 투입 단가 혹은 시간당 비용 기준 등) 프로세스 개선효과를 산정하는 것은 가능하다.

프로세스 성과관리 정책 수립

선정된 프로세스 통합과 자동화 대상 프로세스에 대해서 프로세스 성과관리의 목표, 전략에서부터 기본적 관리 원칙 및 정책에 대한 전반적인 가이드를 정의하는 단계이다.

프로세스는 한 번의 구현으로 완성되는 것이 아니고, 지속적인 개선을 통해서 최적화되어 가야 하며, 이러한 프로세스 최적화의 목표를 달성하기 위해서 필요한 것이 프로세스 성과관리이다. 이 과정에서는 프로세스 성과관리 대상은 어떻게 결정할 것인지, 프로세스 성과지표 정의 및 관리는 어떻게 할 것인지, 프로세스 성과지표 모니터링 및 분

그림 4-6 기업의 전략 KPI와 프로세스 성과지표 연계

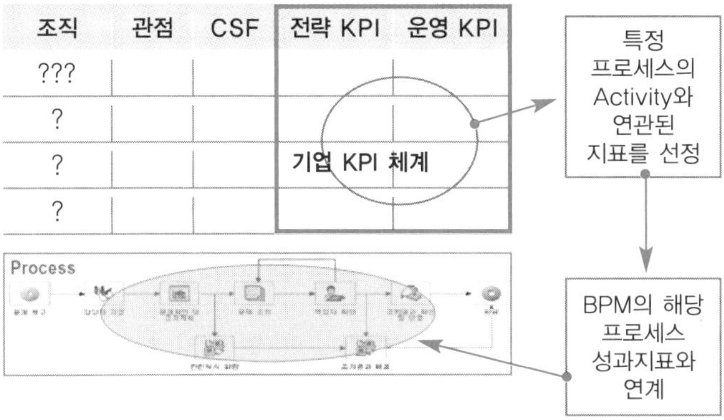

석은 어떻게 수행할 것인지에 대한 프로세스 성과관리 정책을 수립하게 된다.

이때 주의할 점은 다음과 같다. 첫째, BPM 대상 프로세스에 대한 성과관리 목표를 수립하고 이를 달성하기 위한 전략 및 방향성을 설정한다. 둘째, BPM 대상 프로세스에 프로세스 관리자를 할당한다. 프로세스에 대한 지속적인 성과관리를 수행하고 책임질 수 있는 담당자를 선정해 프로세스에 배정한다.

셋째, 프로세스 성과관리 방안, 절차, 지침들에 대해서 세부적으로 정리한다. 넷째, 프로세스 성과관리 주요 일정을 수립한다. 특정 기간에 이루어져야 하는 관리 사항들에 대해서 로드맵(Roadmap)과 주요 마일스톤(Milestone)을 설정한다.

산업군에 따른 프로세스 성과관리 방향성을 살펴보면 다음과 같다.

제조분야는 제품이 만들어지는 것과 관련한 신제품 개발 기획, R&D 관련 업무에서 관리되는 지표들이 매우 중요할 것이다. 또한 제조업에서는 제품 기획, 생산 위주의 Inbound Business뿐만 아니라 CRM, SCM 영역에서와 같이 Outbound Business가 다른 부분들보다 중요하게 생각이 되므로 이와 관련된 프로세스는 반드시 외부 조직과의 교차활동도 중요한 프로세스로 고려하고 관리되어야 한다.

둘째, 금융산업은 워크플로우 중심의 프로세스 자동화 프로젝트가 적용되고 있으며 주로 고객과의 접점에서 이루어지는 업무(수신, 여신, 보험 등) 중심의 성과관리에 집중하고 있다. 그렇기 때문에 고객관리와 관련된 프로세스 성과지표들에 대한 중요성이 높으며 대표적인 PI 활동은 프로세스의 속도 향상 및 대 고객 서비스 만족도 극대화를 추구하므로 특히 서비스 시간과 관련된 프로세스 성과지표를 강화하고 있다.

셋째, 공공기관은 성과관리가 프로세스 단계까지 적용되는 데 있어서 매우 조심스럽게 접근할 필요가 있다. 특히 개개인에 대한 성과를 측정하려고 할 때는 도입의 효과와 적용 가능 수준을 잘 파악해야 할 것이다. 공공기관 업무에서도 해당 기관 외 외부 주체들과 교류하는 정형적 업무 프로세스를 가지는 경우에 프로세스 성과관리를 적용하는 것이 많은 효과를 얻을 수 있으며, 이에 대한 프로세스 성과지표 역시 수행 시간과 업무 정확성에 초점이 맞추어지게 될 것이다.

넷째, 서비스 분야. 통신, 물류, 의료, 건설 등이 포함되는 분야이며 고객과의 접점관리 및 내부 관리라는 측면에서 프로세스 성과관리를 적용하는 것이 효과가 클 것이다. 서비스라는 산업은 정형화되어 있기보다 다양한 업무 형태가 존재하기 때문에 이러한 형태별 특성을 고려해서 프로세스 성과관리 정책을 수립하는 것이 필요하다.

프로세스 성과지표 구현

프로세스 성과지표 애플리케이션 설계 태스크의 설계 산출물에 따라 프로세스 성과지표 리포트 화면, 프로세스 성과 데이터 추출과 변환 애플리케이션을 구현한다.

프로세스 성과 데이터를 적재하기 위한 테이블을 생성하고 프로세스 성과 데이터 추출과 변환 프로그램을 개발한다. 데이터 추출 프로그램은 소스 시스템으로부터 실시간 혹은 배치로 프로세스 성과 데이터를 수집해 적재하고, 이를 프로세스 성과지표 계산식이 적용된 데이터로 가공하게 된다. 이를 사용자에게 화면으로 제공하기 위해서 프로세스 성과지표 리포트 설계서를 기반으로 리포트 화면을 구현한다.

프로세스 성과지표 모니터링

BAM(Business Activity Monitoring)에 의해 정의된 프로세스 성과지표에 대한 모니터링을 한다. 성과지표는 각종 대시보드 및 차트의 모양과 디자인을 고객사 환경에 맞도록 신규 개발하거나 수정한다.

그림 4-7 프로세스 성과지표 모니터링 화면(예시)

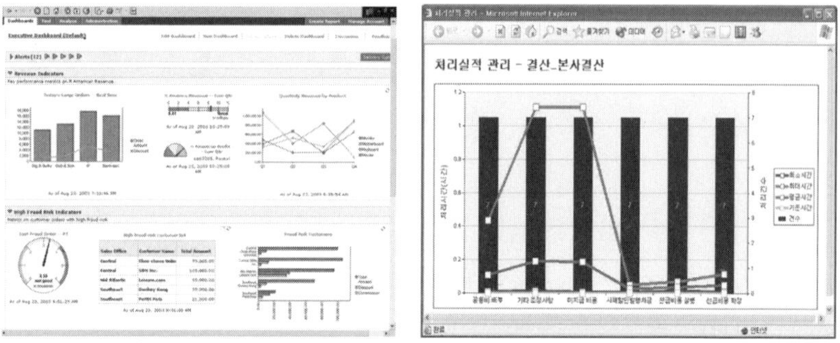

제 5 장

프로세스 경영 구현 기술

프로세스 경영을 구현하기 위한 IT 기술을 언급하기 전에 용어의 정리가 필요하다. BPM을 '프로세스 경영'으로 지칭했다. 덧붙여 '프로세스 경영'을 IT 기술로 구현한 시스템은 일반적으로 BPMS (Business Process Management System)로 명명한다. 정리하자면, BPM은 프로세스 경영을, BPMS는 프로세스 경영을 구현한 IT 시스템이나 솔루션을 지칭한다는 것을 기억하자. 이 책에서는 BPM과 BPMS를 구별해 지칭하나, 신문을 비롯한 대부분의 언론에서는 BPM과 BPMS를 구별하지 않고 모두 BPM이라는 단어를 중의적으로 사용하고 있음에 유의하자.

이번 장에서는 프로세스 경영을 구현하는 기술에 대해 설명하고자 한다. 따라서 BPMS를 중심으로 관련 기술들을 살펴본다.

01 IT 시스템의 발전과 프로세스 경영

BPMS의 3가지 요구

앞서 제1장에서 프로세스 경영의 등장 배경을 경영혁신과 IT 기술 진화의 두 가지 측면에서 설명한 바 있다. IT적인 입장에서 프로세스 경영(BPM)은 비즈니스와 이를 지원하는 IT 시스템 간의 단절을 극복하기 위한 기술적 진화에 힘입어 등장했다. 단절을 극복한다는 것은 표준화된 비즈니스 프로세스를 따로 관리함으로써, 비즈니스적 변화가 신속히 요구되었을 때 단순히 프로세스를 바꿔서 변화에 빠르게 대응하는 것이다.

이러한 단절 극복을 위한 프로세스 관리기술과 기업과 기업 간의 정보교류, 프로세스 통합, 아웃소싱의 필요성이 증대되면서 이에 대한 통합의 기술, 프로세스 경영 특유의 폐회로(Closed-Loop) 개선 사이클을 구현하는 기술 등이 BPMS에 요구된다. BPMS는 위의 3가지 요구되는 기술을 모두 제공하고 있어야 한다.

기업 IT 시스템의 진화

1960년 중반 미국 아메리칸항공과 뱅크 오브 아메리카의 성공적인 비즈니스 IT 시스템의 도입 이후 비즈니스 IT 시스템은 수많은 기업들의 필수 업무 도구로 자리 매김하기 시작했다. 이후 기업의 발달과 맞물려 IT 시스템은 단순 업무지원에서 업무혁신의 도구로까지 진화해왔다. 그러나 IT 시스템이 좀더 밀접하게 비즈니스를 지원하고 비즈니스 변화에 빠르게 대응할 것이 요구되면서 기업 IT 시스템의 아키텍처는 다음 그림과 같은 모습으로 진화를 하게 된다.

그림 5-1 기업 IT 시스템의 발전 방향(출처: Gartner, 2006년)

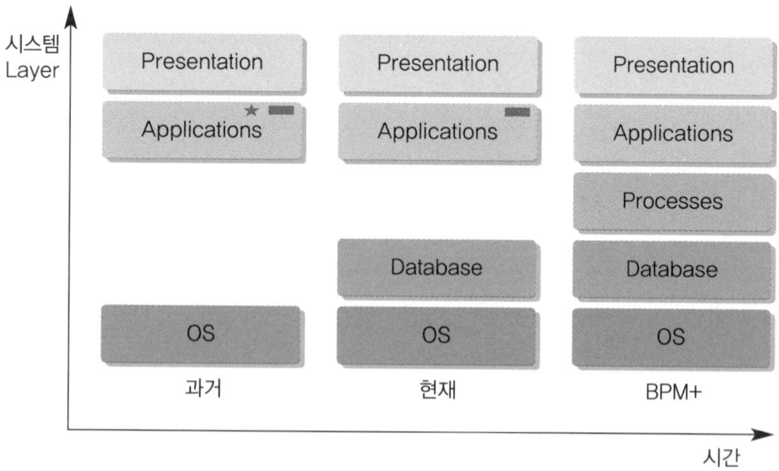

과거에는 응용업무 시스템(Applications)이 기업 데이터와 프로세스를 모두 포함하고 있어서, 데이터나 프로세스가 변경되었을 때 응용업무 시스템을 수정해야 하기 때문에 신속한 변경이 어렵고, 비용도 많이 소모되었다. 그러나 이후 IT 시스템의 구조가 진화되면서 데이터와 프로세스를 별도로 관리하는 방향으로 진화하게 된다. 즉, 데이터를 별도 관리하게 되면서 데이터베이스(Database)가 등장하게 되었고, 그 이후 프로세스를 별도 관리하게 되면서 BPMS가 등장한 것이다.

이러한 IT 시스템의 구조 측면에서 프로세스 경영이 추구하는 IT 시스템은 다음과 같이 정리된다. 첫째, 비즈니스 프로세스 중심의 IT 시스템 아키텍처 추구, 둘째, 비즈니스 프로세스를 응용업무 시스템으로부터 분리, 셋째, 비즈니스 프로세스의 디지털화(digitization) 추구다.

기업 내·외부 통합의 필요성 대두

기업의 IT 시스템이 다수 도입되면서, 시스템 간의 호환성이 문제가 되기 시작했다. 호환성 문제는 IT 시스템의 효율을 떨어뜨리고 중복 투자와 유지보수의 어려움에 따른 비용낭비 문제를 일으켰다. 그래서 내부 시스템의 통합을 위한 EAI(Enterprise Application Integration) 솔루션이 등장하게 되었다. 그러나 시스템의 통합은 기업 내부에서만 이루어지는 것은 아니었다.

1990년대 후반에 진입하면서 인터넷과 웹(World Wide Web)의 발달로 기업 간 전자상거래가 등장하게 되었다. 그 후 기업 외부에서도 시스템 간의 교류 및 통합이 요구되었고, 이러한 통합 기술을 B2Bi라고 한다. 즉, EAI가 기업 내 애플리케이션 통합에 국한돼 있다면, B2Bi는 기업 간(Business-to-Business, B2B) 거래 시 발생하는 비즈니스 프로세스를 중심으로 기업과 기업 간, 기업과 B2B e-마켓플레이스 간, e-마켓플레이스 간의 시스템을 통합하는 것이다.

그러나 기업의 비즈니스는 내부와 외부가 단절되어 있는 것이 아니라 가치사슬상에 하나의 프로세스로 이어져 있다. 내부의 업무 처리를 거쳐 협력업체 또는 아웃소싱을 거쳐 최종 가치를 만들어내기 때문에 기업 내·외부의 프로세스 통합이 요구된다. 즉, 비즈니스 프로세스는 기업 내·외부를 거쳐 진행되며, 이러한 종단 간 비즈니스 프로세스에 대한 통합적 관리의 필요성에 따라 BPM 기술이 진화되어 왔다.

IT 시스템 통합 측면에서 프로세스 경영이 추구하는 IT 시스템은 다음과 같이 정리된다. 첫째, 비즈니스 프로세스 중심의 기업 내부·외부 시스템 통합, 둘째, 기업 외부 협업을 위한 표준적인 통합 기술 추구, 셋째, 단절 없는(Seamless) 프로세스 통합 기술 추구.

그림 5-2 BPM 기술의 진화 배경

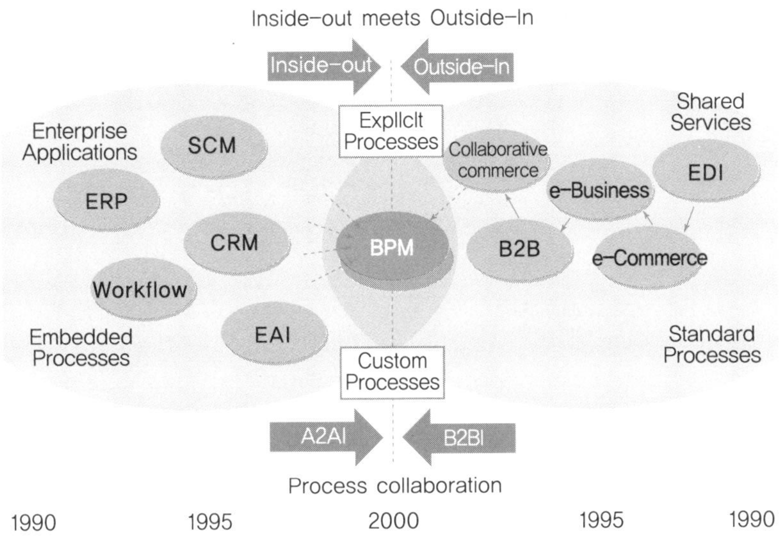

IT 시스템에 의한 업무처리 기능의 발전

IT에 의한 기업 업무처리의 가장 초기 모습은 전자우편에 의한 신속한 의사교환이다. 지금도 전자우편은 모든 기업에서 필수로 사용하고 있는 IT 시스템 중 하나이다. 전자우편은 단순 의사교환 중심에서 정보 공유로 원격 협업이 가능한 그룹웨어, 온라인상의 의사결정 및 결재를 지원하는 전자결재로 발전해 나갔다.

이후 사무업무의 자동화를 목적으로 워크플로우(Workflow)가 도입되었는데, 워크플로우는 문서와 정보, 혹은 업무가 일련의 절차나 규칙에 따라 한 참여자에서 또 다른 참여자로 전달되는 업무 자동화를

그림 5-3 업무처리 시스템의 진화 방향

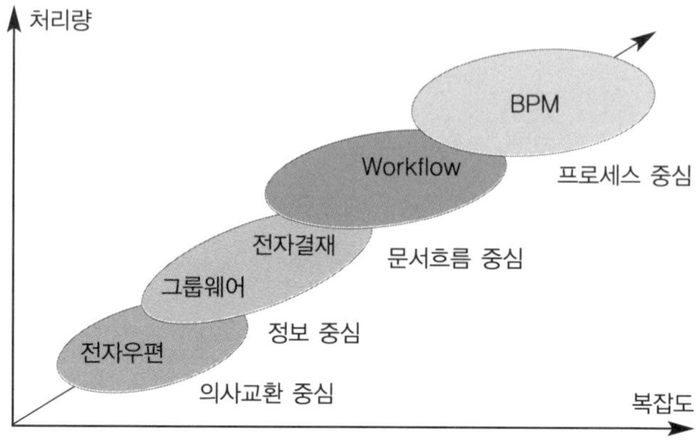

말한다(그림 5-3 참조).

업무 자동화는 업무 효율화를 가져왔지만, 기업의 가치사슬상의 가치를 만들어내고 혁신을 이끌어내는 전사적 효율화와 프로세스 통합에는 역부족이었다. 이에 BPM은 프로세스 자동화뿐만 아니라 가치사슬의 비즈니스 프로세스를 통합, 개선하고 관리하는 업무 혁신 도구의 기능을 제공한다.

프로세스 경영에서 추구하는 IT 시스템에 의한 업무처리는 다음과 같이 정리된다. 첫째, 비즈니스 프로세스에 의한 업무처리로 가치사슬상의 전사적 가치 창출, 둘째, 비즈니스 프로세스의 지속적 개선 지원, 셋째, 비즈니스 프로세스의 자동화 추구이다.

02 프로세스 경영 구현을 위한 지원 도구

프로세스 경영 솔루션

프로세스 경영 솔루션은 아래 그림과 같은 폐회로(Closed-Loop) 생명주기를 모두 지원해야 한다.

그림 5-4 BPM에 의한 프로세스 개선 주기(출처: Gartner, 2006년)

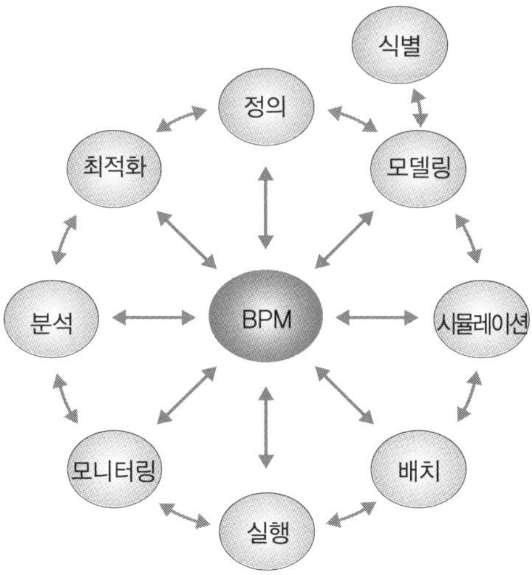

프로세스 정의, 모델링을 위한 모델링 도구, 모델링한 프로세스를

검증하는 시뮬레이터, 프로세스 실행을 위한 실행엔진, 실행된 프로세스를 모니터링하는 모니터링 도구, 실행 결과를 분석하는 분석도구 등이 필요하다.

이를 종합해 보면 아래와 같은 솔루션 프레임워크를 그려볼 수 있다.

그림 5-5 BPM 솔루션 프레임워크(출처: LG CNS, 2004년)

위의 프레임워크에 제시된 각 도구들을 모두 포함해 통합 제공하는 솔루션을 BPM 스위트라고 한다. 최근 솔루션 시장의 동향은 일부 기능을 지원하는 BPM 솔루션보다는 통합 제공이 가능한 BPM 스위트가 우세를 보이고 있다. 또한 가트너에서도 향후 BPM 스위트의 시장 점유 확대를 예상하고 있다. 이는 BPM 스위트의 통합된 도구들에 의해 폐회로상의 각 단계에서 추가적인 작업 없이 프로세스 개선을 신속하고 확실하게 지원할 수 있기 때문이다.

이러한 BPM 스위트 솔루션 컴포넌트 별 주요 기능들은 표 5-1과 같다.

표 5-1 BPM Suite 컴포넌트별 주요 기능

솔루션 컴포넌트	주요 기능
프로세스 모델러	- 비즈니스 프로세스의 정보나 업무의 흐름에 대한 시각적 표현
프로세스 실행 엔진	- 프로세스 모델을 가동해 시스템들과의 상호작용 또는 사람과의 상호작용으로 업무를 처리 - 프로세스 자동화 및 업무 부하 조정
ESB 또는 EAI	- 애플리케이션 간 데이터 통합 및 프로세스 통합
BAM(Business Activity Monitoring)	- 실시간으로 주요한 업무 성능 지표 모니터링 - 업무 흐름의 실시간 파악
BPA(Business Process Analysis)	- 프로세스 실행 성과 분석 - 프로세스 시뮬레이션
BRE(Business Rule Engine)	- 프로세스의 업무 규칙 변경 관리

다음에서 각각의 솔루션 컴포넌트 세부 기능과 더불어 각 컴포넌트에서 요구되는 기술은 무엇인지 상세히 설명하겠다.

프로세스 모델러

프로세스 경영은 우선 보이지 않는 프로세스를 시각화, 실체화하는 것으로부터 출발한다. 경영과 관리의 대상이 되는 프로세스를 실체화하는 작업은 프로세스 경영에서 매우 중요한 단계이기 때문에, 프로세스를 시각화하기 위한 전문 도구가 필요하다.

특히 프로세스 경영에서 프로세스 개선과 혁신의 주체는 업무를 직접 담당하는 현업이기 때문에 업무 전문가인 현업이 IT 전문가의 도움 없이도 프로세스 흐름을 도출해 모델링하고 프로세스에 대한 분석을 수행할 수 있도록 그래픽 사용자 환경(GUI)의 비즈니스 프로세스 모델링 도구를 제공한다.

비즈니스 프로세스 모델러의 기능은 다음과 같다.

프로세스 정의

GUI에 의해 프로세스를 그리게 되는데 이는 시스템 개발자나 프로그래머의 관점이 아닌 업무 담당자(또는 비즈니스 프로세스 분석가)의 관점에서 비즈니스 프로세스를 모델링하도록 해 줌으로써, 비즈니스 프로세스의 체계적인 관리와 공유를 가능하게 해 준다(그림 5-6 참조).

프로세스 정의를 위한 세부적인 기능은 아래와 같다.

첫째, 그래픽 사용자 환경 제공이다. IT 전문가가 아닌 업무 전문가들이 쉽게 원하는 프로세스를 정의할 수 있는 GUI를 제공한다. 둘째, 프로세스 검증이다. 정의된 프로세스의 오류 및 무결성을 검증하는 것으로써, 주로 프로세스 상의 무한 반복이나 도달 불가 경

그림 5-6 프로세스 모델러 화면(예시)

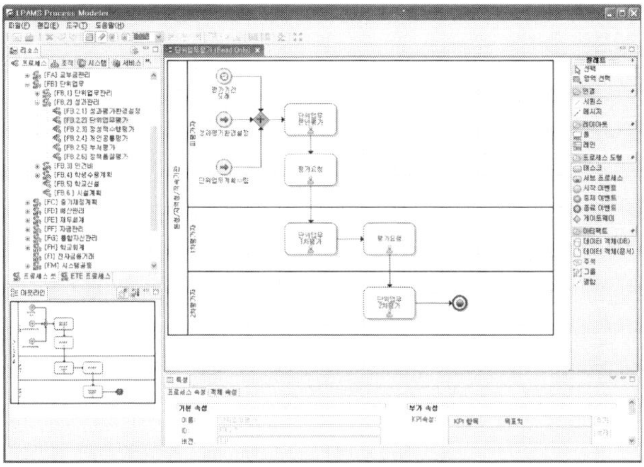

로(Dead Path) 등을 검출해 오류를 보고한다. 셋째, 단위업무의 정의다. 프로세스를 구성하는 단위업무(Activity)의 세부 사항을 정의한다. 단위업무 담당자, 실행 애플리케이션, 완료 조건 및 라우팅 조건 등의 기본 속성을 정의한다. 넷째, 하부 프로세스의 정의다. 반복적으로 사용되거나 복잡한 하부 프로세스를 추상화시켜 모델링의 편의성 및 프로세스 구조를 설계한다. 다섯째, 다양한 흐름의 표현이다. 단위업무 간의 흐름을 정의할 때 조건 분기, 반복 또는 평행 진행 등 다양한 흐름을 정의한다.

프로세스 변경 관리

앞서 프로세스 경영은 비즈니스 환경 변화에 민첩하게 대응하는 것이라고 언급한 바 있다. 이러한 비즈니스 환경의 변화는 프로세스의 지속적인 변경과 개선을 필요로 하기 때문에 프로세스의 생성, 수정 등의 작업이 용이하고 체계적으로 이력을 관리해 주는 기능이 필요하다.

프로세스의 공유

프로세스 모델러에 의해 정의된 프로세스 모델 정보는 저장소에 저장되어 조직의 지식(knowledge)으로서 체계적으로 관리되고, 조직원들 간에 공유됨으로써, 새로운 프로세스의 정의 및 기존 프로세스의 개선을 위해 재사용된다.

첫째, 프로세스 저장 및 공표(Publish)다. 정의된 프로세스들을 체계적으로 저장하고 조직 내에서 재사용 및 참고 목적으로 공유한다. 손쉬운 공유를 위해 저장된 프로세스는 웹 등을 통해 사용자들이 쉽게 구독할 수 있다. 저장된 프로세스는 조직 내의 업무 표준으로서 역할을 한다.

둘째, 프로세스의 검색이다. 프로세스의 속성들을 이용해 원하는 프로세스 정의를 쉽게 검색하고 불러올 수 있는 기능을 제공한다.

이처럼 프로세스를 실체화하는 것이 프로세스 경영을 구현하는 가장 기초적이고 핵심적인 단계인 만큼 이를 지원하는 프로세스 모델러의 선택은 중요하다. 특히 사용자들이 쉽게 이해하고 사용하기 위해서는 BPMN(Business Process Modeling Notation)과 같은 프로세스 표준 표기법(Notation)을 사용하는 것이 유리하다.

프로세스 실행 엔진

앞서 프로세스 모델러에 의해 정의된 프로세스를 실행해 프로세스를 구성하는 단위업무를 담당자에게 전달(notify)하거나, 자동으로 필요 정보를 읽어 들이고 저장하기 위해 데이터베이스와 연동하고, 자체 또는 외부 애플리케이션을 호출해 시스템 처리를 담당한다.

사용자의 요청이나 외부 이벤트에 의해서 프로세스를 실행한다. 세부 기능들은 다음과 같다. 첫째, 프로세스 흐름 제어이다. 주어진 프로세스 정의에 따라서 단계별로 진행한다.

둘째, 비즈니스 트랜잭션 관리다. 프로세스에 의해 업무를 처리함에 있어, 예상하지 못한 오류나 예외사항에 대해 비즈니스 트랜잭션을 제공해 업무의 정합성을 보장한다.

셋째, 프로세스 통합이다. 외부 애플리케이션 또는 외부 프로세스를 호출함으로써 프로세스 간의 단절 없이 프로세스를 실행한다.

넷째, 프로세스의 자동화이다. 프로세스 흐름에 의해 단위업무가 완료되면 다음 단위업무로 제어권을 넘기고, 다음 단위업무 담당자에게 처리할 업무를 알려준다.

다섯째, 업무부하 관리이다. 업무부하에 따른 담당자를 자동 할당해, 업무 분산을 유도한다. 프로세스 실행 엔진은 프로세스 통합과 자동화 기능을 제공하기 때문에 BPM Suite에서 가장 핵심적인 솔루션 컴포넌트이다. 프로세스 통합과 자동화에도 표준 규격이 존재하는데, 대표적인 표준 규격은 WfMC의 XPDL(XML Process Definition Language)과 OASIS의 WS-BPEL(Business Process Execution Language)이 있다. 되도록 위의 표준 규격을 준수하는 프로세스 실행 엔진을 선택하는 것이 좋다.

ESB(Enterprise Service Bus) / EAI(Enterprise Application Integration)

프로세스 실행 엔진에 의한 비즈니스 프로세스의 통합과 자동화를 위해서 단위업무 수행에 요구되는 애플리케이션 및 각종 IT 시스템들과의 원활한 연동은 매우 중요하다. 따라서 효과적이고 신속한 통합을 추구하는 통합 솔루션인 ESB와 EAI가 필요하다. ESB와 EAI는 그 자체로 독립된 솔루션이다. 그러나 BPMS를 구축함에 있어 효율적 통합을 위해 ESB 또는 EAI를 적용하는 것이 유리하다.

ESB 또는 EAI를 적용할 때 가장 중요한 점은 웹 서비스(Web Service)에 의한 표준적인 통합방법의 지원 여부이다. 특히 프로세스 실행 엔진의 표준으로써 XPDL 또는 WS-BPEL을 선택했다면, 통합 기술은 반드시 웹 서비스가 되어야 한다.

현재 이기종 시스템 간 통합을 위한 사실상의 표준(De-Facto)으로 웹 서비스가 사용되기 때문에 대부분의 BPM 스위트들은 웹 서비스에 의한 통합을 전제로 하고 있다. 따라서 BPM 솔루션을 선정할 때 통합 기술로써 웹 서비스를 채용할 것인지를 먼저 결정하고, 웹 서비스 지원 여부를 꼼꼼하게 확인할 필요가 있다.

BAM(Business Activity Monitoring)

BAM은 가트너(Gartner)가 제안한 개념으로 "핵심 성과지표 수집을 통해서 획득되는 주요한 비즈니스 이벤트에 대한 실시간 정보 및 경보를 제공하는 것"이다. 이는 기업의 주요 비즈니스 추진 상황을 실시간으로 파악함으로써 사업을 효율적이고 효과적으로 추진할 수 있도록 도움을 준다.

BAM은 비즈니스 프로세스와 단위업무의 모니터링을 가능하게 함으로써 프로세스 소유자들의 역할을 증대시킬 것이다. 즉, 모니터링에 의한 실시간 반응을 통해 프로세스 소유자가 사후의 손해 평가에서 사전 예방 개입 조치를 취하는 것이 가능하다.

프로세스 경영에 있어서 BAM은 비즈니스 프로세스의 진행상황을 실시간으로 모니터링하고, 수행 결과에 대한 통계치를 분석할 수 있도록 정보를 제공한다. 따라서 기본적으로 핵심 성과지표를 설정해 모니터링하고, 이를 공유하거나 보고할 수 있도록 정보를 제공하는 기능을 포함한다.

핵심 성과지표(Key Performance Indicator, KPI) 설정

KPI를 정의하고 모니터링하는 기능이 제공된다. 첫째, KPI 정의다. 프로세스 실행 주기와 같은 기본 속성 이외에 사용자의 필요에 따라 KPI를 정의 및 설정한다. 둘째, KPI 모니터링으로 KPI 모니터링 기능을 제공한다.

모니터링(Monitoring) 기능

진행중인 프로세스를 실시간으로 모니터링할 수 있는 기능을 제공한다. 첫째, 이벤트 감지 기능이다. 이는 프로세스 실행에 따라 발생되는 이벤트들을 감지해 알려준다. 특히 사전 조치가 필요한 위험요소나 지표들은 이벤트 감지 기능을 통해 조기 감지가 필요하다.

둘째, 이벤트 처리 기능이다. 감지된 이벤트들을 종합하고, 필터링해 정보로 변환한다. 셋째, 이벤트 알림기능이다. 이벤트의 처리결과를 사용자가 모니터링 할 수 있도록 알려주거나, GUI 형태로 화면에 제공한다. 주요 문제점들에 대해서는 알림 기능이 제공된다.

보고(Reporting) 기능

실행중이거나 완료된 프로세스에 대한 모니터링 및 분석 결과는 사용자가 이해하기 용이한 형태로 보고될 수 있어야 한다. 일반적인 보고 항목들에 대해서는 BAM의 자체적인 기능을 이용할 수 있으나,

사용자가 요구하는 항목이나 템플릿이 있다면 그에 맞추어 보고 가능하도록 보고서를 디자인할 수 있어야 한다.

BPA(Business Process Analysis)

프로세스의 분석과 개선을 위한 시뮬레이션 및 분석 기능을 제공한다.

프로세스 시뮬레이션 기능

프로세스를 시뮬레이션함으로써 실제 적용되었을 때의 문제점을 사전에 제거하거나, 여러 개의 프로세스 대안에 대한 비교 분석을 목적으로 한다. 자체적인 시뮬레이션 도구를 제공하는 경우가 바람직하나, 외부 시뮬레이션 도구와 연동하기 위한 기능을 제공할 수도 있다.

첫째, 시뮬레이션 모델링이다. 프로세스 정의를 기반으로 시뮬레이션 수행을 위한 세부 변수, 예를 들어 투입자원, 비용, 사건 빈도 등을 설정함으로써, 시뮬레이션 모형을 정의한다.

둘째, 시뮬레이션 실행이다. 자체 도구 및 외부 전용 도구를 이용해 시뮬레이션을 수행하고, 수행 결과를 제공한다.

셋째, 시뮬레이션 결과 분석이다. 시뮬레이션 결과에 대한 다양한 분석과 대안 프로세스들을 비교 분석한다.

프로세스 평가 기능

시뮬레이션의 결과 및 실제 비즈니스 프로세스 수행 결과들을 바탕으로 주어진 프로세스의 문제점 및 성능을 평가한다. 평가 결과는 사용자별, 프로세스별, 단위업무별로 집계될 수 있다.

첫째, 핵심성과 지표 평가다. 설정된 핵심성과지표(KPI)의 목표치와 결과치에 대한 차이와 분석 정보를 제공한다.

둘째, 프로세스 병목 감지다. 프로세스의 지연을 초래하는 병목업무 및 데드락을 감지한다.

가트너는 프로세스 모델러가 BPA와 통합되어 진화될 것으로 내다보고 있으며, 현재 시장에 판매되는 일부 프로세스 모델러는 시뮬레이션 기능을 제공하고 있다. 그러나 아직까지 시뮬레이션 결과를 분석하거나 프로세스를 평가하는 기능들은 미흡한 측면이 많다.

비즈니스 규칙 엔진(Business Rule Engine, BRE)

일반적으로 프로세스 모델링 단계에서 흐름의 제어를 위한 규칙들이 정의된다. 이와는 별도로 프로세스를 자동화하기 위해서는 다양한 형태의 비즈니스 규칙(business rule)들이 정의되고 프로세스 실행 시 연동될 수 있어야 한다. 또한 정의된 규칙들은 동일한 적용을 받는 다수의 프로세스 및 단위업무 실행에 재사용될 수 있어야 한다. 이를 위해서 프로세스 모델링 및 실행 모듈과 분리된 별도의 비즈니스 규칙 엔진을 연동시키는 것이 바람직하다. BPM 솔루션들은 자체적인 BRE를 가지고 있는 경우도 있으나 많은 경우 외부의 상용 BRE와 연계해 구축한다.

비즈니스 규칙 엔진은 일반적으로 다음과 같은 기능을 제공한다.

첫째, 비즈니스 규칙 설계다. 비즈니스 규칙들을 정의하고 저장할 수 있어야 한다. 프로세스 경영에서 사용되는 비즈니스 규칙들은 대부분 프로세스 흐름의 분기 조건에 대응하는 값에 기준을 부여하게 된다. 이는 유연한 프로세스 정의를 가능하게 해 만일 분기 조건의 기준 값 변경이 필요할 경우 그 즉시 변경이 가능하다. 이것은 프로세스 경영에서 추구하는 비즈니스 민첩성을 더욱 강화시키는 역할을 하게 된다.

둘째, 규칙 엔진이다. 특정 이벤트에 의해 특정 규칙이 호출되었을 때, 신속하고 정확한 추론을 실행한다. 즉, 비즈니스 규칙이 적용된다.

셋째, 비즈니스 규칙의 관리다. 정의된 비즈니스 규칙들을 프로세스 간에 공유할 수 있도록 저장되고, 개정된 규칙들의 이력이 관리된다.

지금까지 BPM 스위트의 솔루션 프레임워크를 중심으로 프로세스 경영에 필요한 솔루션들을 하나씩 살펴보았다. 각각의 솔루션들이 무슨 기능들을 제공하고 어떤 특징들이 있는지 설명했다. 이러한 각각의 솔루션들의 기능이 조합되어 프로세스 경영이 추구하는 지속적인 프로세스 개선 환경을 제공하게 된다. 그러나 솔루션은 단지 프로세스 경영을 위한 IT 도구임을 인식해야 한다. IT는 단지 도구의 역할을 할 뿐 그 자체로써 경영혁신을 가져오거나 프로세스 경영을 스스로 완성하지 않는다. 프로세스 경영은 IT뿐만 아니라 경영진을 비롯한 모든 임직원들에 의해 완성됨을 주지해야 한다.

03 BPMS의 표준 기술요소

BPM 표준 기술의 이해

앞서 BPM 스위트의 솔루션을 설명하면서 프로세스 모델링 표준 기술과 프로세스 실행 표준에 대해 언급했다. BPM 기술은 ISO와 같은 국제 표준이 존재하는 것은 아니지만, BPM 스위트를 개발, 공급하는 업체와 산업표준 단체를 중심으로 프로세스 경영을 구현하기에 가장 최적화된 기술들을 업계 표준으로 내놓고 있다. 이런 표준을 이해하는 것은 프로세스 경영이 IT 구현 기술에 발목 잡히지 않도록 하는 데 꼭 필요한 정보일 것이다.

통합 표준 기술, 웹 서비스(Web Service)

일반적으로 프로세스 경영이 운영되는 모습은 그림 5-7과 같다.

즉, 하부의 수많은 시스템들(CRM, ERP, SCM 등)을 프로세스를 중심으로 통합하여야 하고 공급업체 또는 협력업체와의 프로세스 통합도 필요하다. 이렇게 복잡한 통합이 요구되기 때문에 이기종 시스템 간의 통합은 빈번하게 발생한다. 그러나 이기종 시스템 간의 통

그림 5-7 프로세스에 의한 이기종 시스템 통합

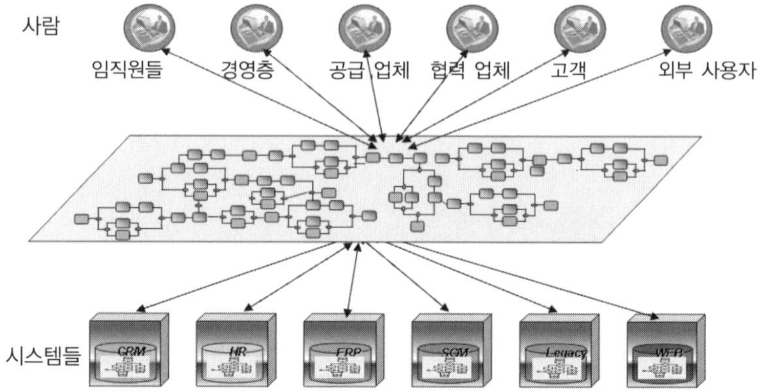

합을 지원하는 기술은 빈번하게 실패해 왔다.

대표적으로 OMG에서 정의한 표준으로 CORBA(Common Object Request Broker Architecture)가 이기종 시스템 통합의 표준 기술로써 주목을 받았지만, 마이크로소프트의 불참으로 이기종 통합 지원에는 실패했다.

이후 이기종 간 통합 기술로 등장한 것이 바로 웹 서비스이다. 웹 서비스는 네트워크상에서 서로 다른 종류의 컴퓨터들 간에 상호작용을 하기 위한 기술로써 서비스 지향적 분산 컴퓨팅 기술의 일종이다. 웹 서비스 프로토콜 스택은 SOAP, WSDL, UDDI 등으로 이루어지며, 모든 메시징에 XML이 사용되어 상호운용성이 매우 높다. 특히 웹 서비스 명칭 때문에 WWW(World Wide Web)과 혼동되는 경향이 있는데, 웹(WWW)은 사람과 컴퓨터 간의 상호작용을 위한 시스템인 데 반해, 웹 서비스는 컴퓨터와 컴퓨터 간의 상호작용을 위한 시스템이다.

웹 서비스는 서비스 제공과 서비스 등록, 서비스 요청에 의해 서비스 호출이 진행된다.

그림 5-8 웹 서비스에 의한 서비스 제공 절차

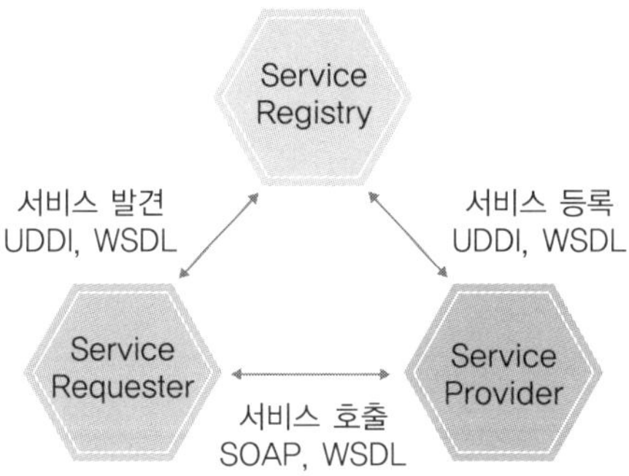

즉, 웹 서비스 관련 정보의 공개와 탐색을 위한 표준으로 UDDI(Universal Description, Discovery and Integration)가 사용되고 이를 구현한 서비스 레지스트리에 서비스 제공자가 서비스를 등록한다. 서비스 제공자가 웹 서비스를 등록할 때는 웹 서비스의 제공 장소, 서비스 메시지 포맷, 프로토콜 등이 기술된 WSDL(Web Service Description Language)로 웹 서비스를 기술, 정의해야 한다. 이후 서비스 요청자와 서비스 제공자가 웹 서비스로 통신할 때는 SOAP(Simple Object Access Protocol)이라는 XML 기반 통신 규약으로 통신하게 된다.

이러한 웹 서비스는 느슨한 연결(Loose Coupling)과 메시지 기반의 XML에 의한 통신으로 이기종 간 통합에 있어 가장 최선의 해결책을 제공한다. 따라서 많은 BPM 스위트들이 웹 서비스를 시스템 통합의 요소 기술로써 채용하고 있다. 또한 웹 서비스에 의한 느슨한 연결은 프로세스 변경의 민첩성을 가능하게 하기 때문에 많은 장점을 제공해 준다.

그러나 웹 서비스에도 약점이 존재한다. 웹 서비스의 큰 약점은 바로 QoS(Quality of Service) 제공이 미흡하다는 점이다. 즉, 웹 서비스에 의한 통신에 있어 보안(Security), 트랜잭션(Transaction), 신뢰성(Reliable) 등의 보장이 부족하다. 이를 보강하기 위해 또 다른 많은 표준 규격(Standard Specification)들이 제정되었는데, 웹 서비스를 근간으로 하는 BPM 스위트들이 이러한 QoS 보장 규격까지 준수했는지를 정확하게 확인해 볼 필요가 있다.

QoS의 미흡함에도 웹 서비스는 현재 이기종 통합의 표준으로 대세를 굳혀가고 있다. 이것은 웹 서비스를 대체할 만한 마땅한 기술이 없을뿐더러 IBM, Oracle, 마이크로소프트 등의 거대 업체들이 웹 서비스를 표준 기술로 지원하기 때문이다. 따라서 프로세스 경영을 구현하기 위한 통합 기술로써 되도록 웹 서비스를 선택하는 것이 유리할 것이다.

프로세스 모델링 표준 표기법, BPMN

프로세스 경영에서 프로세스를 모델링하는 것은 중요한 작업임을 앞서 지적한 바 있다. 따라서 프로세스를 정확하고 풍부하게 표현하기 위해서는 프로세스 모델링의 표기법(Notation) 또한 중요하다. 그러나 대부분의 기업들이 프로세스를 정의할 때 저마다의 표기법을 가지고 프로세스를 모델링한다. 심지어 같은 회사 내에서도 서로 다른 표기법으로 프로세스를 모델링할 때도 있다.

프로세스의 의미를 정확하게 전달하고 필요한 내용을 풍부하게 표현하기 위해서는 검증된 프로세스 표기법을 사용하는 것이 필요한데, 대표적으로 OMG의 UML 다이어그램 중 하나인 액티비티 다이어그램(Activity Diagram), IDEF(Integrated Definition Language), OMG의 BPMN(Business Process Modeling Notation) 등이 많이 사용되는 프로세스 표기법이다.

그러나 액티비티 다이어그램과 IDEF는 비즈니스 프로세스의 풍부한 내용을 표현하기에는 많은 한계점들이 있다. 특히 B2B 간의 협업과 비즈니스 트랜잭션, 메시징, 담당 조직, 다양한 프로세스 패턴 등의 표현이 어렵다. 특히 UML의 액티비티 다이어그램은 표준화된 표기이지만, 기업 간 프로세스 제휴 표현과 비즈니스 프로세스의 이벤트 표현이 없어 비즈니스 프로세스 표현에 적합하지 않다. UML은 시스템 설계를 위한 다이어그램으로써 IT 기술자가 아닌 일반인에게

그림 5-9　다양한 프로세스 표기법

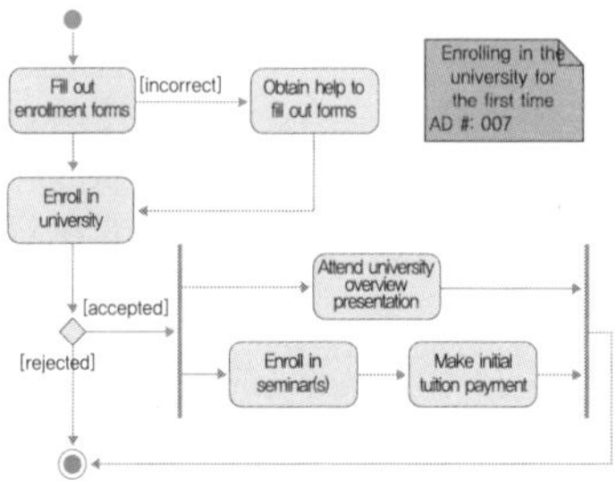

〈액티비티 다이어그램〉

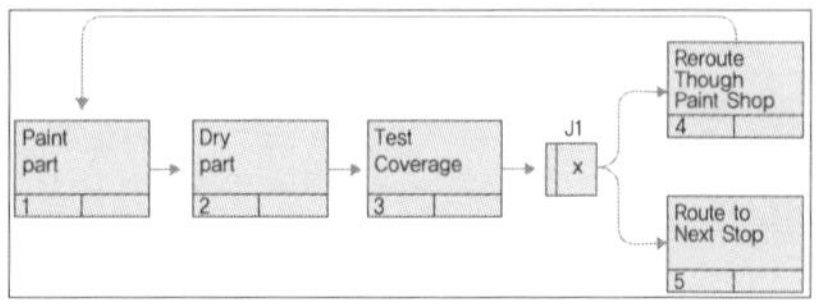

〈IDEF 다이어그램〉

는 이해하기 어렵다. 이런 점 때문에 BPMN 표준이 발표된 이후에는 BPMN이 비즈니스 프로세스의 표준(De-Facto)으로 자리 잡아 가고 있다.

BPMN은 업무 분석가부터 기술자 및 프로세스를 읽고 비즈니스 결정을 내리는 관리자 등 모든 비즈니스 사용자가 읽고 이해할 수 있는 공통의 언어 필요성과 기업 간 프로세스 제휴(B2B)를 실현하기 위해 기업 간, 벤더 간의 벽을 넘는 표준화된 프로세스 모델 필요에 의해 만들어졌다.

BPMN은 간단하면서 풍부한 표현 능력을 가지고 있다. 기본 요소와 한층 더 상세한 요소들로 체계화해 간단하면서도 복잡한 표현이 가능하다. 기본 요소만으로도 간단하게 프로세스를 기술하고, 또한 기본적인 외형을 바꾸지 않고 추가로 상세한 프로세스를 표현할 수 있다. 더욱이 BPMN은 WS-BPEL로의 변환을 지원한다. 이것은

그림 5-10 BPMN 다이어그램(예시)

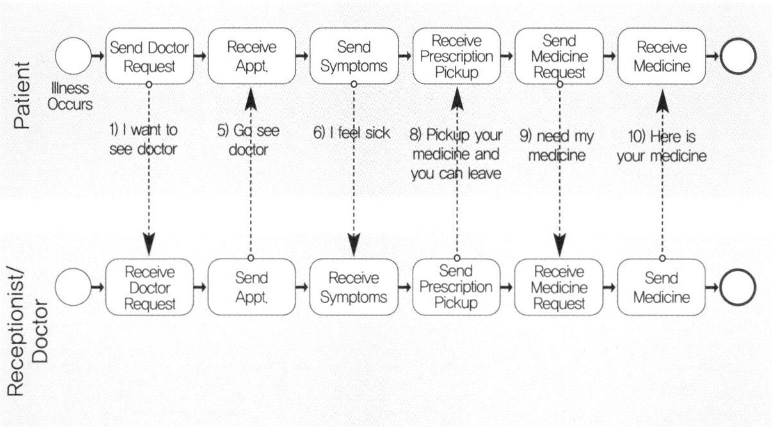

비즈니스 트랜잭션, 병렬 진행과 같은 비즈니스 프로세스의 풍부하고 엄밀한 표현이 가능하다는 의미이다.

이러한 BPMN은 다음 그림과 같은 기본 다이어그램으로 구성된다.

첫째, 플로우 객체로, 비즈니스 프로세스 행동을 표현하는 기본적인 다이어그램이다.

둘째, 연결 객체로, 플로우 객체를 '연결 객체'로 연결해 비즈니스 프로세스를 표현한다.

셋째, 스윔 레인으로, '스윔 레인' 안에 플로우 객체를 배치해 플로우 객체의 실행자를 명확하게 표현한다.

넷째, '아티팩트'로, 비즈니스 프로세스 다이어그램을 알아보기 쉽도록 도와주는 보조 표현 요소이다.

그림 5-11 BPMN 다이어그램 체계

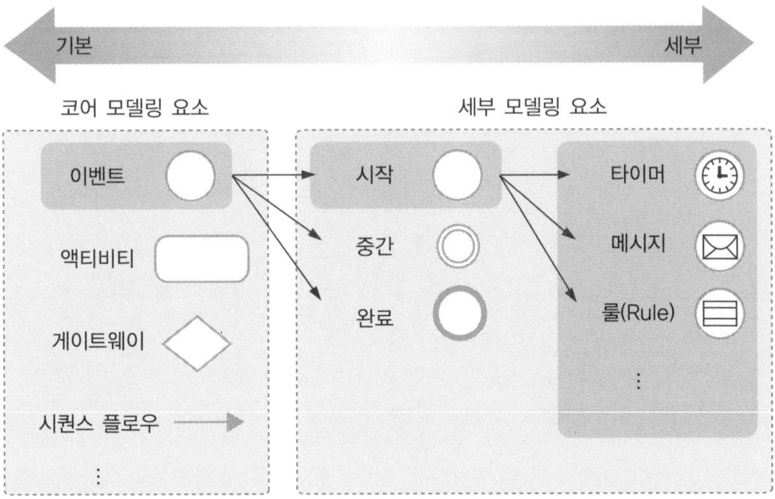

다섯째, 이벤트로, 비즈니스 프로세스 내에서 발생하는 사건이다.

여섯째, 액티비티로, 비즈니스 프로세스에서 실행되는 각각의 작업을 의미한다.

일곱째, 시퀀스 플로우로, 각 액티비티가 실행되는 순서를 의미한다. 이때 주의할 것은 절대 데이터 흐름이 아니라는 점이다.

여덟째, 게이트웨이, 이는 시퀀스 플로우를 여러 개로 나누거나 합류시키는 표현을 말한다.

아홉째, 데이터 오프젝트로, 데이터를 표현하며 액티비티에 관련되어 입출력 데이터, 시퀀스 플로우상에서 흐르는 데이터, 메시지 플로우상의 메시지 컨텐츠 등을 표현한다.

그림 5-12 BPMN의 구성

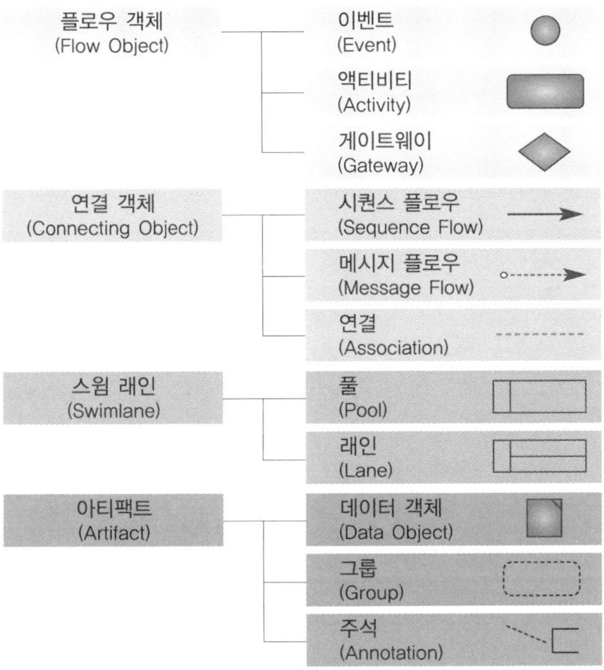

열 번째, 주석으로 보충 정보 기술을 말한다.

열하나, 그룹, 그래픽 오프젝트를 묶어서 표현한다.

열둘, 풀(Pool), 이는 프로세스 관계자 표현, 그림 5-13의 '제품 개발자' 처럼 상호작용만을 표현할 수도 있다.

열셋, 레인(Lane)으로 역할이나 부서에 따라 풀을 분할 표현한다.

열넷, 메시지 플로우로 다른 풀(Pool) 간의 메시지 송수신을 표현 한다.

그림 5-13 프로세스 다이어그램은 소비자가 제품에 대해 문의해 이를 접수 담당자가 접수해 제품 지원 담당자(개발자)에게 업무를 넘겨 처리하는 과정을 BPMN으로 모델링한 예시 다이어그램이다.

그림 5-13 BPMN 다이어그램(예시)

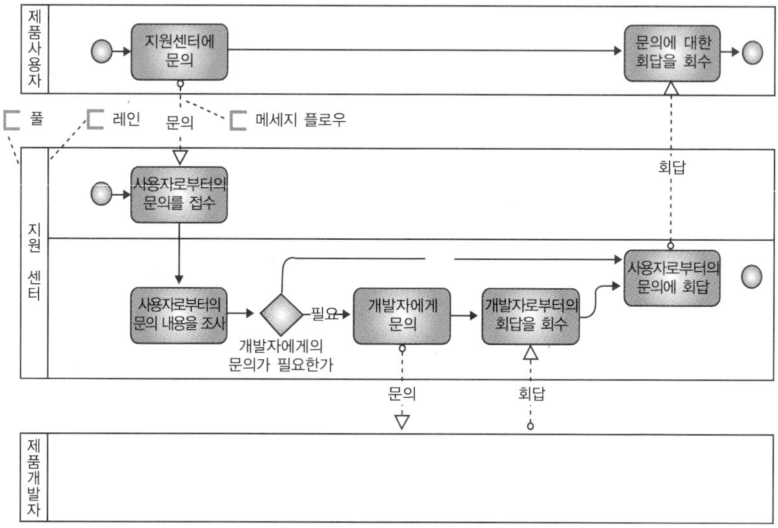

프로세스 실행의 표준, WS-BPEL

WS-BPEL(Web Service Business Process Execution Language)은 본래 IBM, 마이크로소프트에 의해 최초로 제안되고 현재는 OASIS에서 관리하고 있다. 대다수의 BPM 솔루션 벤더들에 의해 BPM 표준으로 인정받고 있다.

앞서 통합 표준 기술로써 웹 서비스를 설명했는데, WS-BPEL은 웹 서비스와 아주 밀접한 관련이 있다. 즉, WS-BPEL은 웹서비스를 사용해, 비즈니스 프로세스를 조정하는 실행언어이다.

WS-BPEL은 실행되는 비즈니스 프로세스로써 관련 웹 서비스들을 통제하고 각각의 웹 서비스가 실행하는 작업을 조율하는 방식으로 통합 환경을 구현한다. 관련된 웹 서비스들은 자신이 상위 레벨의 비즈니스 프로세스에 의해 동작하고 있다는 사실을 알지 못하고 가담하는 실행 프로세스만이 이러한 목표를 인지하고 있다. 이처럼 WS-BPEL은 웹 서비스들의 호출 순서와 작업 방법을 정의해 중앙 집중화된 조율(Orchestration) 환경을 구현한다. 이것을 마치 오케스트라에서의 지휘와 같다고 해, 웹 서비스 오케스트레이션이라고 한다.

그림 5-14 WS-BPEL에 의한 웹 서비스 Orchestration(출처: IBM, 2005년)

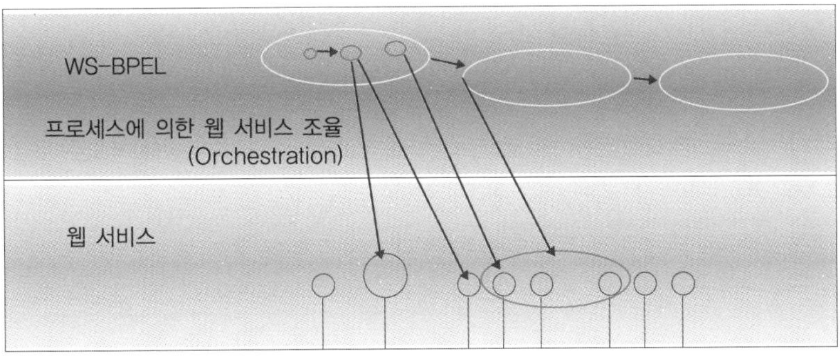

앞서 설명했듯이 WS-BPEL을 BPM의 프로세스 실행 표준으로 적용하기 위해서는 통합 기술로써 웹 서비스를 채택해야 한다. 즉, 웹 서비스와 WS-BPEL은 하나의 표준으로 인식해야 한다. 다만, BPMN은 웹 서비스와 직접적인 관련이 없다. 그러나 BPMN 표준에서는 BPMN으로 표현된 프로세스 다이어그램을 WS-BPEL로 전환하는 방법을 제공하고 있다.

따라서 웹 서비스와 BPMN, WS-BPEL은 서로 유기적으로 연관되어 있는 표준으로써 프로세스 경영 구현의 표준 요소기술로써 적용하기에 적합하다.

지금까지 BPMS의 표준 기술들을 설명했다. 표준 기술은 그림 5-15와 같이 정리될 수 있다.

그림 5-15 BPMS 표준(De-facto) 기술

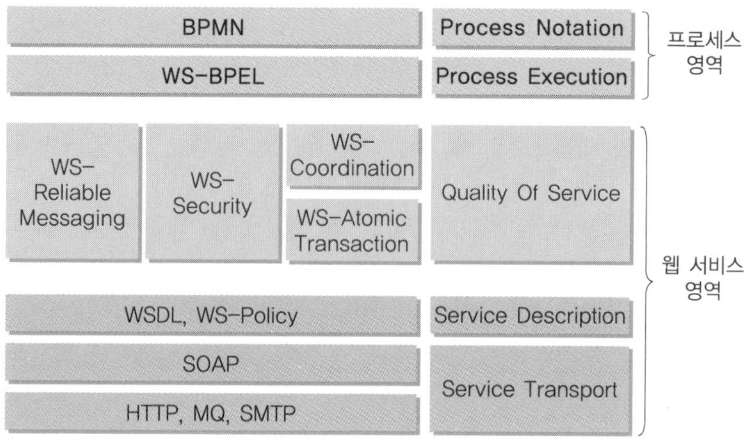

그림 5-15에서 QoS 이하 영역은 웹 서비스의 부족한 점을 보강하기 위한 표준 규격들로 이해하면 된다. 웹 서비스 관련 표준은 이외에도 수십 가지가 넘게 있다.

BPMS가 반드시 위의 표준을 준수할 필요는 없다. 그러나 IT 기술에 있어 표준은 기술의 생명력을 좌우할 만큼 중요한 요소임을 주지할 필요가 있다.

맺 음 말

2003년 전 세계 IT 업계는 세계적 경영학 저널인 미국 '하버드 비즈니스 리뷰'(HBR)에 실린 한 논문 때문에 뜨거운 논쟁에 휘말렸었다. 'IT Doesn't Matter'(IT는 중요하지 않다)라는 제목의 논문에서 니콜라스 카(Nicholas Carr)가 'IT가 전기나 철도처럼 보편화되어 저렴한 인프라로 바뀌었고, 동일한 IT 시스템의 도입이 더 이상 기업에게 경쟁적 우위를 제공하지 못한다'고 주장했기 때문이다.

이에 따른 IT 역할론에 대해 세계적으로 수많은 반박과 반성이 있었다. 이는 많은 돈을 쏟아 붓고도 만족할 만한 성과를 내지 못하는 IT 현실에 대한 위기와 불만이기도 했다.

하지만 'BPM: The Third Wave'의 저자인 하워드 스미스(Howard Smith)와 피터 핑거(Peter Finger)는 IT 기술과 BPM의 접목이 새로운 미래를 가져다주며, BPM에 의한 프로세스 경영이 차별화된 경쟁적 우위를 제공한다고 반박했다. 비즈니스 프로세스는 기업의 고유 역량이자 핵심 콘텐츠(Contents)로서 갈고 닦아지는 것이기에 스미스와 핑거는 기업 경영의 미래를 프로세스 자체에서 본 것이다.

실제로 경영 시스템의 미래 또한 프로세스를 기업의 핵심 콘텐츠로서 관리하고 강화하는 방향으로 진화하고 있다. 가트너(Gartner, 2006)에 따르면 프로세스 경영에 의해 최적화된 베스트 프랙티스(Best

Practice) 프로세스를 상용 콘텐츠처럼 유통하는 시대가 올 것이라고 예측하고 있다.

니콜라스 카의 주장은 현재 IT의 한계에 대한 정당한 지적일지 모른다. 하지만 BPM은 현재 IT의 한계를 넘어선 미래의 기회를 열어주고 있다. 어쨌든 모든 문제의 핵심이 '프로세스'로부터 출발하고 있음은 주지의 사실이다. 이것은 프로세스 혁신으로 대변되는 경영혁신의 역사에서도 잘 드러나고 있음을 전술한 바 있다.

혁신에 이르는 길에 물론 하나의 정답만 존재하는 것은 아니다. 최근 창의성에 기반한 개방형 혁신이 벤치마킹의 대상이 되고 있지만, 반면 운영의 혁신을 통해 성과를 내는 기업도 여전히 존재한다. 각 기업의 환경에 맞도록 혁신의 방법을 찾아가면 되는 것이다. 그러나 이 책 서두에서 언급했듯이 수많은 경영이론과 혁신이론의 근간에는 프로세스라는 튼튼한 밑바탕이 있음은 변하지 않는 사실이다.

이런 관점에서 보면, BPM은 다시 기본으로 돌아가고자 하는 경영 방법론이다. 온전히 프로세스에 집중해, 그동안 간과해 왔던 부분들에 다시 주목하고 구체화해 경영혁신을 이끌어내고자 하는 것이다. BPM은 전사 비즈니스 프로세스를 가시화한 것이 가장 중요한 장점이라고도 할 수 있다. 프로세스를 가시화함으로써 프로세스를 개선할 수 있는 공통의 언어와 공감대를 마련한 후 각 프로세스들을 최적화하고, 성과를 평가할 수 있는 체계를 마련하는 것이다. 이 모든 과정이 지속적이고 반복적으로 업무 참여자 자신에 의해 진행되는 것이 핵심 요지이다.

그러나 IT적인 관점으로만 BPM을 바라보는 것은 BPM의 궁극적인 목적인 "점진적 프로세스 개선을 통한 경쟁력 확보"보다는 프로세스 자동화, 프로세스 통합과 같은 단편적인 이슈에 초점을 맞추고, 지금까지 국내 BPM 도입 사례 또한 그러한 맥락에서 이루어져 왔음을 부정할 수 없다.

따라서 BPM을 도입하기 위해서는 먼저 프로세스 경영을 이해하고 기업 전반의 경영환경과 전략을 분석할 수 있는 컨설턴트와 BPM의 사상과 기술, 비즈니스를 이해하고 있는 BPM 전문가에 의한 시스템 구축이 필수적이다. BPM은 ERP, CRM, SCM 등과 같이 특정 도메인을 가진 솔루션이 아니기 때문에 구축 후 만족할 만한 도입 효과를 얻고자 한다면, 솔루션 자체보다는 고객의 요구에 적합한 도입 목적과 비전(vision)을 발굴하고 프로세스 경영을 문화와 시스템으로 어떻게 정착하고 지원해야 할지를 고민해야 한다.

물론 BPM 솔루션 역시 중요한 요소이다. BPM이 시스템으로 구축되기 위한 필요조건이기 때문이다. BPM이 주목받는 만큼 최근 다양한 BPM 솔루션이 출시되었다. 특히, SOA 기반의 BPM 솔루션에 의해 비즈니스에 민첩하게 IT가 대응하는 BPM의 이상이 점점 더 현실화되고 있다. 이렇게 다양한 솔루션과 기술의 빠른 발전 흐름을 이해하고, 고객의 요구사항을 충족할 수 있는 적절한 솔루션을 선정하는 일 또한 그만큼 중요성이 커지고 있는 실정이다.

결국 BPM 구축은 단순하게 솔루션 도입만으로는 해결되는 일이 아닌 만큼, 기술과 솔루션에 대한 이해와 더불어 기업의 경영환경과 기업의 비즈니스를 이해하고 리드할 수 있는 종합적인 역량이 필요하다.

많은 기업들이 현재 BPM 도입 여부와 성공적인 BPM 구축을 위해 어떻게 해야 할지 고민하고 있다. BPM이 최신의 IT 기술과 경영기법이 결합된 복합적인 개념인 만큼 역량 있는 전문가의 조언을 받는 것이 중요하다.

그러나 아무리 좋은 도구가 주어져도 그것을 사용하지 않으면 무용지물이다. 따라서 무엇보다 중요한 것은 'IT Doesn't Matter'를 넘어 'Process Does Matter'로 가는 시대의 흐름을 읽고 미래를 대비하는 통찰력과 더불어 지금 바로 혁신을 실천하고자 하는 강한 실행력일 것이다.

추천의 글

한국농어촌공사 사장
홍 문 표

산업 간의 장벽이 무너지면서 공공기관의 경영도 무한경쟁의 시대에 진입했다는 것은 이제 옛말이 되어버렸다. 공기업 사장으로 재임하면서 피부로 느끼는 것은 공공기관 역시도 흔히 말하는 경영혁신이라는 카드로는 현대의 비즈니스 전쟁에서 생존할 수 없다는 것이다. 무한경쟁은 진입단계가 아닌 이미 고도화 단계에 접어든 것이다.

'국가로부터 부여받은 임무를 수행하며 고객만족을 어떻게 극대화할 것인가!' 라는 전통적 고민은 물론이고, 외연적인 성장을 해나가면서도 경영체계 최적화를 통한 비용절감이라는 숙제도 같이 해결해나가야 한다.

한 기업의 경영자로써 끊임없이 내 자신에게 던졌던 이러한 질문들의 해답은 바로 프로세스 경영이었다. 기업 활동을 가치사슬로 재분류하고 단계별로 접목되는 경영시스템을 효율적으로 통합할 수 있는 방안인 것이다.

『위기의 시대, 프로세스 경영을 통한 재도약』에서는 그 과정들을 실제 경영에서 발생했던 사례들과 함께 복잡한 경영이론을 BPM이라는 시스템으로 알기 쉽게 설명하고 있다. 프로세스의 개념부터 시작해서 BPM이 주목받게 된 배경, 도입방법, 성공과 실패사례 그리고 성과관리까지

이론이 어떻게 현실로 구현되는지를 단계별로 제시하고 있다. 즉 새로운 시스템을 도입하여 혁신하는 시대에서 경영활동 단계별로 스스로 효율해 나가는 미래 경영의 모습을 미리 보여주고 있는 것이다.

환경의 급격한 변화와 함께 쏟아져 나온다는 표현이 맞는 수많은 경영이론들이 마치 경영기법의 Bible을 읽은 것처럼 후반부를 읽어가면서 머릿속이 정리되는 느낌이다. 그리고 책을 덮으면서 위기에도 흔들리지 않고 자생적으로 혁신해나가는 미래 경영의 주류를 맛볼 수 있을 것이다.

위기의 시대에 오늘도 기업의 발전을 위해 고민하는 경영자 및 비즈니스 전쟁에서 승리의 주역을 꿈꾸는 미래의 경영자라면 목표 달성을 위한 최적의 프로세스를 이 책을 통해 얻을 것이다.

대웅제약 사장

이 종 욱

미국에서 10여년 간의 교수생활을 통하여 외국 기업들의 사례를 많이 접하고 귀국 후에도 활발한 국제적 학회 활동을 전개하고 외국의 전문가들과 많은 교류를 하고 있는 저자는 만나기만 하여도 내재한 에너지가 표출되어 타인에게 전해 옴을 느끼게 만드는 유능한 학자이다.

그가 '산업표준화' 및 '21세기 품질경영'에 이어 현장 경험을 많이 갖고 있는 공저자와 협동하여 '프로세스 경영'에 관한 저서를 집필하였다.

경영활동의 프로세스를 최적화하여 부가가치 창출을 늘리는 일은 모든 경영자들의 책무인바, 많은 경영인들이 교과서처럼 옆에 두고 참고할 좋은 내용들이 알차게 엮어진 책이다.

이 책에서는 모든 최고경영자들이 바라는 조직에 영향을 많이 주는 프로세스나 업무가 어떻게 진행되는지 실시간으로 알 수 있는 방법을 제시하고 있다. 더군다나 협력업체를 상대할 경우 협력업체 시스템과 자사의 시스템이 연계되어 주문과 계약 등이 별도의 과정을 거치지 않고 그대로 조직의 시스템으로 처리되고, 조직이 주문한 제품의 프로세스가 어떻게 진행되는지 알 수 있는 방법을 제시한다. 문제가 있을 때 어느 업무가 문제가 되는 업무인지와 누구 때문에 문제가 되고 있는가를 필요시에 즉시 알 수 있게 하고, 조직의 핵심 성과지표, 즉 KPI(Key Performance Indicator)와 관련되어 어떤 수준으로 성과를 보이고 있는지를 알 수 있게 하는 방법에 대해서 설명하므로 우리와 같은 최고경영자의 경영에 일조를 할 것으로 기대된다.

한국 오라클㈜ 사장

유 원 식

최근 기업들 사이에서 BPM에 대한 관심이 높아지고 있다. 하지만 높은 관심과 달리 BPM에 대한 정확한 이해는 아직 부족하기만 한데, 이는 BPM을 새로운 경영이론이나 기업의 IT 솔루션 정도로만 이해하는 경향이 아직 많기 때문이다. 이는 아마도 지금까지 출판된 BPM 관련 서적들이 주로 경영이나 IT 측면에 치중해온 탓이라 볼 수 있다.

하지만, BPM은 경영이론의 새로운 트렌드나, 혁신적인 응용, 혹은 자동화된 방식으로만 이해하기엔 무리가 있다. 비즈니스 프로세스 경영관리, 즉 BPM은 그보다 더욱 포괄적이며 체계적인 혁신기법이라 할 수 있다. 기업 내에서 수행되는 업무와 진행을 명확하게 정의하고, 이를 실제 운영상태로 직접 전환하며, 최적화되도록 전체 라이프 사이클을 관리하고 개선하는 것이 바로 BPM인 것이다.

이 책은 실제 업무와 정보시스템 간의 갭을 줄이는 방법은 무엇인지, 기존에 구축된 시스템의 한계점을 보완하는 방법은 무엇인지에 대해 실제 사례와 방법을 통해서 소개하고 있다. 또한 이를 통해서 지속가능하고 효율적인 프로세스 혁신방법과 기술의 결과를 상세하게 설명하고자 했다.

특히 프로세스 경영에 대한 이해와 BPM을 실제 수행하고 사용하는 사람들을 위해 단계별 추진 방법과 지속적인 프로세스 개선을 위한 문화 형성 및 구축, 성공적인 BPM 프로젝트 수행을 위한 지원 등 실용적인 가이드를 제공하고 있다. 따라서 기업의 지속적인 혁신과 성장을 도모하고자 하는 분들에게 이 책을 권하고자 한다.

모쪼록 이 책의 출간을 계기로 프로세스 경영에 대한 새로운 인식이 자리잡게 되기를 기대한다. BPM 도입을 단순히 업무 자동화로써만 인식해오던 그간의 관념에서 벗어나 프로세스 경영의 지속적인 성장과 혁신을 위한 도구로 이해되고 자리잡을 수 있기를 바란다.

현대오일뱅크 사장
서 영 태

최근의 경영환경은 이른바 '글로벌 무한경쟁의 시대'라 불리고 있다. 선진 초우량 기업들과의 경쟁뿐 아니라, 풍부한 자원에 기반해 급속히 성장하는 신흥 국가들과의 경쟁에 이르기까지 전방위적인 다툼이 치열하게 벌어지고 있다. 이는 기업들을 성장이 아닌 생존에 대한 위협으로 몰고 있으며 이를 극복하기 위해서 기업들은 끝없는 노력을 펼쳐야만 하는 것이다.

이런 가운데 우리나라 기업들이 경쟁력을 강화하기 위해서는 높은 수준의 정보기술을 확보하고 이를 통해서 경쟁국가보다 우월한 생산성을 갖추어야 한다. 이러한 새로운 인식의 시작은 기존에 기업에 도입돼 왔던 ERP의 한계를 감지하게 되면서 시작되었다. 즉 기업의 정보화를 기반으로 조직운영에 필요한 정보와 프로세스를 지원하는 ERP가 결과적으로 일부 사용자에게만 경영정보와 프로세스를 제공하고 있다는 한계가 있었다. 때문에 보다 많은 사용자 요구를 반영할 수 있도록 기업 내·외부 프로세스의 통합과 관리 기술이 필요해졌고 이런 가운데 등장한 것이 바로 BPM이다.

BPM은 기존의 시스템을 그대로 활용하면서, 그 시스템의 효과를 향상시킬 수 있는 Post-ERP로, 사용자를 위해서 보다 효율적인 업무 수행을 지원할 수 있다.

이 책은 BPM에 대한 이론적인 배경과 실제 활용 경험을 중심으로 BPM의 역사, 핵심적인 개념, 동향, 실제를 체계적으로 파악할 수 있도록 구성하였다. 이 한 권의 책을 통해서 독자들은 BPM을 비롯한 시스템 구축, 관리 등 전 분야에 걸친 업무 효율성 향상, 투명성 확보의 과정을 이해할 수 있을 것이다.

따라서 기업 내 프로세스 기반의 혁신을 계획하고 있는 담당자라면 꼭 한 번 읽어보기를 추천한다. 또한 이 책은 기업의 경영자뿐 아니라, 정보기술담당자, 기업의 모든 구성원에게 비즈니스 프로세스와 프로세스 경영에 대한 인지도를 향상시키는 효과를 기대할 수 있다. 이를 통해서 기업의 구성원들은 각자의 업무를 보다 전문화하고, 개선활동의 시너지를 극대화할 수 있으며, 조직의 경쟁력을 더욱 향상시킬 수 있다.

BPM을 향한 기업들의 새로운 도전! 보다 많은 기업들이 BPM에 대한 정확한 인식과 혁신을 향한 거침없는 도전으로 미래 경쟁력의 새로운 원천을 찾을 수 있기를 기대해 본다.

참 고 문 헌

Cantara, Michele. *Harnessing Business Process Management for Business and IT Transformation*. Gartner, 2008.

Hayward, Simon. *Business Processes: The Foundation Linking Business and IT*. Gartner, 2006.

Hill, Janelle. *Championing Business Process Improvement in 2006 and Beyond*. Gartner, 2006.

Hill, Janelle. *Championing Business Process Improvement*. Gartner, 2007.

Hill, Janelle. *The Evolving Markets for Business Process Management Technologies*. Gartner, 2008.

Lachal, Laurent. *Workflow versus BPM*. Ovum, 2005.

Melenovsky, Michael. *BPM Best Practices: New Roles and Responsibilities for Continuous Process Improvement*. Gartner, 2006.

Melenovsky, Michael. *Overcoming the Five Major Hurdles of BPM Adoption*. Gartner, 2006.

Rosen, Mike. *BPM and SOA: What Kind of Service Does a Business Process Need?* BPTrends.com, 2006.

Sinur, Jim. *Crafting a Process Managed Vision and Execution Plan*. Gartner, 2006.

Smith, Howard, Peter Fingar. *Business Process Management: The Third Wave*. Meghan Kiffer Press, 2003.

KRG, **2008년 IT시장 백서**, 2008.

KRG, **2009년 IT시장 백서**, 2009.

김광훈 · 김학성 · 박민재, **BPM 도입, 운영 실태 조사 보고서**, 한국소프트웨어산업협회, 2007.

박환수 · 천성민, **BPM 도입, 운영에 대한 실태조사 보고서**, 한국소프트웨어산업협회, 2008.

안승혜 · 백창현, **워크플로우**, 시사컴퓨터, 2000.

이괄훈, **경영혁신, 불황탈출의 엔진**, 삼성경제연구원, 2004.

이병주, **한국적 경영혁신의 특징과 한계**, LG경제연구원, 2004.

전희철, **프로세스 경영과 BPM**, IT Business Journal, 2005.

하영목, **공공기관 혁신, 이제 ERP로 시작하라**, 엠플래닝, 2008.

2007 소프트웨어 산업백서, KIPA, 2007.

2009년 IT투자 동향 및 SW 시장 전망, KPIA, 2009.

6시그마 국내 도입 현황과 솔루션 업체 동향, KIPA, 2006.

EnValue 방법론, LG CNS(엔트루 컨설팅), 2003.

ERP 활용도 평가 보고서, LG CNS(엔트루 컨설팅), 2003.

LG CNS BPM 방법론 ver. 2.0, LG CNS, 2006.

SOA 구현을 위한 최적의 파트너, BPM, KIPA, 2008.

국내 BPM 시장의 성장 요인과 진행 모습, KIPA, 2006.

국내 ERP 시장 현황과 2007년 전망, KIPA, 2007.

색 인

공저자약력

이 관 석

현 홍익대학교 정보산업공학과 교수
전 미국 루이지애나 주립대학교 교수
전 오하이오대학교 교수

- 전공: 품질경영, 경영혁신, 인간공학
- 서울대학교 학사, 석사, 미시간대학교 산업공학박사
- 전문자격: 미국 산업공학 기술사
- 생산성본부, 표준협회, 국가생산성대상, 품질경영대상 심사위원 및 심사기준 제정위원
- 능률협회, 신품질포럼 기업 품질 및 혁신상 심사위원 및 심사기준 제정위원 및 심사위원
- 기아자동차, 대우조선해양, LG전자, 삼성전자, 롯데제과, 롯데호텔, 호남석유화학 등 30여개 기업 자문
- 대한인간공학회, 한국품질경영학회, 한국PL학회 회장, 명예회장, 부회장 역임
- 한국품질경쟁력연구회 회장

저서 및 논문

새로운 비즈니스 창출을 위한 지속가능경영
품질없이는 대한민국 미래없다
품질경영
21세기의 기업경영－말콤볼드리지상을 중심으로
21세기 품질경영
ISO9000
경영혁신, 품질경영, 인간공학 방면의 100여편의 국내외 학술 연구논문

하 영 목

현 LG CNS 솔루션사업본부 Enterprise Solution 사업부문 상무 재직
전 Accenture 철강, 화학, 에너지사업리더(전무)
전 Ernst & Young Management Consulting ERP 컨설팅 사업담당
전 Hewlett Packard Korea 컨설팅사업본부 ERP 팀장

- 한국외국어대학교 경영정보학(MIS) 석사
- 울산공대 산업공학과 졸업
- BPM Project
  관세청, LG화학, LG Display, BC카드, (주)CJ 등 BPM 프로젝트 수행
- PI/ERP Project
  삼성전자, 삼성전기, 하이닉스반도체, LG화학, 풀무원, 신한생명, 교보생명, 현대오일뱅크, 코아로직, 동부제철, LS전선, 대성전기, 세아제강, 서울메트로, 롯데건설, KBS차세대, 롯데대산유화, 대성산업가스, 호남석유화학, ADP엔지니어링, LG상사, 유진그룹, 만도인도법인, 한국증권거래소, 쌍용건설, 한국전력, 대한생명, LIG손해보험, 우진공업, 동양기전, 평화산업, 보령메디앙스, 한전KPS, 로디아코프랑, 동산C&G, 선경마그네틱(SKM) 등 PI/ERP 프로젝트 수행

저서 및 논문

공공기관 혁신, 이제 ERP로 시작하라

위기의 시대, 프로세스 경영을 통한 재도약

2009年 9月 20日 初版印刷
2009年 9月 30日 初版發行

共著者 이관석 · 하영목
發行人 安 鍾 萬
發行處 (株) 博 英 社
서울特別市 鍾路區 平洞 13-31番地
電話 (733)6771 FAX (736)4818
登錄 1959. 3. 11. 제300-1959-1호(倫)

www.pakyoungsa.co.kr e-mail : pys@pakyoungsa.co.kr

저자와 협의하여 인지를 생략함

定 價 18,000원 ISBN 978-89-7189-117-9